내 인생 최고의 선물

The Greatest Gift in My Life

내 인생

최고의
선물

· 류광수 지음 ·

도서출판 생명

복음은 하나님께 도달하기 위한 인간의 계획이 아니라

인간을 구원하기 위한 하나님의 계획이다

소중한 이에게
가장 소중한 것을

한국전쟁이 끝난 이듬해인 1954년 봄, 우리 마을에 큰 화재가 발생했다. 미군 부대에서 흘러나온 기름에 불이 붙으면서 발생한 화재는 삽시간에 부산시 동구 좌천동 일대를 집어삼켜 무려 3백여 명이나 되는 인명을 앗아갔다. 인생을 살면서 불로 인한 고난은 그 후 몇 차례 더 있었지만 그때 겪은 무시무시한 화재는 당시 네 살배기였던 내겐 참으로 끔찍한 경험이었다. 어린 나이에 느꼈던 두려운 불의 기억만은 지금까지도 가슴을 섬뜩하게 한다. 오죽하면 집회 차 호텔에라도 묵게 될 일이 생기면 비상구부터 찾는 것이 습관이 되었겠는가.

*

죽음의 소용돌이 속에서 그나마 상해를 당한 이가 없다는 사실이 우리 가족에겐 가장 큰 위로가 되었다. 하지만 화재로 인해 당시 아버지가 경영하던 과자공장은 완전히 타버리고 말았다. 게다가 이불 밑에 차곡차곡 모아두었던 전 재산마저 한 줌 재로 날아가 버렸다.

희망을 상실한 채로 우리 가족은 지독한 가난을 등에 업고 부산에서 가장 가난한 동네로 소문난 수정동 산의 17번지로 옮겨갈 수밖에 없었다. 정처 없이 떠돌던 피난민과 이재민, 부랑자들이 천막을 치고 치열한 삶을 살던 그곳은 경찰도 손을 내저을 정도로 문제 많은 동네였다. 내 어린 시절은 바로 그곳에서 지독한 가난, 궁핍한 기운과 뒤섞여 끊임없이 곤두박질치고 있었다.

아버지는 끝내 화재의 충격을 이겨내지 못하신 채 내가 중학교 1학년이 되던 해, 그만 지병인 위장병이 악화되어 어머니와 2남 2녀를 남겨두고 하나님의 부름을 받으셨다.

"예수님 손 꼭 잡아야 산데이."

아버지는 마치 유언처럼 이 말 한마디를 남기고 가셨다. 아버지의 부음은 어린 내 가슴에 형언할 수 없는 깊은 상처를 남겼다. 당시 우리 집은 아버지의 시신을 모실 관조차 사지 못할 정도로 가난했었다. 입관도 하지 못한 채 장례식을 치러야 했던 비참한 현실을 보며 난 끓어오르는 슬픔을 두 주먹을 움켜쥐며 삭였다. 사람들은 상주인 내가 눈물 한 방울 흘리지 않는 것을 보며 "애가 우째 저리 인정머리 없노. 야야, 좀 울어라." 하면서 채근했다. 하지만 모르는 소리였다. 나는 속으로 꺽꺽 울분을 토해내고 있었다. 슬픔이 너무 깊으면 눈물도 나지 않는다는 것을 그때 처음 알게 되었다.

아버지가 돌아가시고 난 후 경제적 궁핍은 극에 달했다. 거의 밥을 먹지 못할 때가 잦았고 학교에도 굶고 갈 때가 많았다. 그 당시의 어려움이야 오죽했겠는가. 내 힘으로는 도저히 그 상황을 넘어설 수 없었다. 그나마 남아있던 자존심마저 가난과 무능의 벽 앞에 비참하게 무너져 내린 후 내 청소년기는 거침없는 타락과 방황의 길로 빠져들고 말았다. 심지어는 싸움 전문꾼이라는 소리를 들을 정도로 싸움에 휘말려 다녔고 종국엔 도저히 희망 없는 사람으로 전락하고 만 것이다.

° 희망의 돌파구를 찾아서

누구나 생을 살면서 자신의 힘으로 감당할 수 없는 막막한 상황과 맞닥뜨릴 때가 있다. 아브라함의 증손자 요셉은 형들의 계략에 속아 깊은 구덩이에 내던져지는 극한 위기의 상황에 직면했다. 게다가 강간 미수라는 누명을 쓰고 감옥에까지 갇혔다. 이집트의 왕자로 부귀영화를 누리던 모세 역시 젊은 날의 혈기를 이기지 못하고 살인을 저질러 막막한 광야로 내몰리는 도망자의 생을 살게 된다. 이스라엘의 왕 다윗의 인생 여정은 또 어떠한가. 그는 악한 영에 사로잡힌 장인 사울 왕에게 이리저리 쫓겨 다니고 심지어는 그 아들 압살롬의 반역을 피해 도망 다니는 비참한 상황에까지 놓이게 되었다.

누구나 피할 수 없는 상황에 부닥쳐 좌절을 맛본 경험이 한 번 쯤은 있을 것이다. 그때 어떤 이는 저 믿음의 선진들처럼 '주님 나를 긍휼히 여기소서!' 하며 하나님께 다 내어 맡기고 기도할 지도 모른다. 또 다른 이는 문제 앞에서 갈피를 잡지 못한 채 끝없이 밀려오는 불신앙의 생각 속에 빠져 들거나, 하나님의 뜻과 계획에 방향을 맞추기보다는 내가 뭘 잘못했나, 내겐 왜 늘 이런 일만 생기나 하는 자책감에 휩싸이기도 한다. 심지어는 오늘은 영 일진이 안 좋은 걸, 하며 게으름과 무력감에 자신을 내던져버릴지도 모른다.

　유약했던 나 역시 그랬었다. 가난과 무능, 각종 문제가 끊일 새 없었던 우리 가문을 보며 반드시 내 인생도 그런 문제 속에서 고통받으며 살게 될 것이라는 암시를 받을 정도였으니까.

　내 위로 누나 둘이 죽자 아버지는 우리 가족을 데리고 교회로 나갔었다. 아버지의 강요로 할 수 없이 다닌 교회였기에 아버지가 돌아가시고 방황을 거듭하면서부터는 교회조차 발길을 끊어버리고 말았다. 더구나 교회에서 장로님들끼리 돈 문제, 자리 문제로 싸우는 것을 본 후로는 더 이상 교회에 다닐 이유가 없다는 나름의 결론을 내렸다. 도대체 왜 교회를 다녀야 하는지, 왜 예수를 믿어야 하는지, 궁극적인 이유를 말해 주는 사람이 없었기에 내 인생은 더 고달팠는지도 모른다.

　결국 난 대학에 진학하는 것보다 차라리 사업을 해서 돈을 버는 것이 훨씬 현실적이라는 생각을 했다. 그래서 스무 살 되던 해 어머니가 조금씩 저축해 두었던 금쪽같은 돈을 밑천 삼아 사업을 시작했다. 하지만 사기꾼에게 속아 사업은 풍비박산 나고 말았다. 쓰디쓴 인생의 고배를 마시며 지내던 나는 어머니가 그토록 바라시던 목회자의 길로 인생의 방향을 돌리기까지 희망의 돌파구를 찾으려는 처절한 몸부림을 계속했다.

내 삶에 불어 닥친 거대한 폭풍 속에서 내 영혼은 갈급하게 인생의 해답을 찾고 있었다. 종교에서는 선행하라고 했지만 선행할 능력이 내겐 없었다. 죄를 회개하라고 했지만 그럴 힘도 없었을 뿐더러 내 안엔 내가 모르는 죄가 더 컸다. 교수님들의 강의도, 훌륭한 이들의 메시지도 힘을 잃고 고통 속에 헤매던 내게 진정한 인생의 해답을 던져주진 못했다. 방황하던 나를 지켜보며 어머니는 눈물 어린 기도를 한시도 그친 적이 없었다. 돌이켜보건대 내가 회심한 결정적 계기는 어머니의 기도였음을 결코 부인할 수 없다. 내가 주님의 손을 놓은 그 순간조차도 주님은 나를 붙들고 계셨다는 사실을 먼 훗날에야 깨닫게 되었다.

˚내 인생 최고의 선물

어머니의 기도 배경과 나를 사랑하시는 하나님의 은혜로 어느 날 그토록 갈망하던 희망의 메시지를 듣게 되었다. 하나님은 내게 이렇게 말씀하셨다.

'내가 너를 용서하리라. 예수 그리스도를 믿는 믿음으로 내게 나아오

라. 너를 고통과 저주 속에 버려두지 않겠다. 내가 이미 사탄의 권세를 완전히 멸했노라. 너의 모든 죄를 용서하기 위해 독생자 예수 그리스도를 보내어 십자가의 보혈로 너를 구원할 것이니 지금 나아오라.'

　주님은 아무것도 묻지 않고 용서하겠노라고 말씀하셨다. 내 마음은 폭포수처럼 넘쳐나는 기쁨으로 주체할 수 없이 요동쳤다. 하나님의 끝없는 은혜를 헤아리자 마음 깊은 곳에서 감격의 눈물이 흘러내렸다. 나의 모든 죄와 저주를 그리스도께서 십자가에 완전히 못 박아 구원의 길로 인도하셨다는 사실이 믿어지고 깨달아졌다. 나의 운명을 바꾸기 위해, 마귀에게 속아 종노릇 하던 나를 하나님의 자녀로 삼기 위해, 저주와 운명 속에 있는 나를 건져내기 위해 수 천 년 전에 오시겠다고 약속하신 그분이, 나를 구원하시려고 십자가에서 죽으시고 부활하신 것이다. 그 이름이 바로 예수, 그분이 그리스도의 일을 성취하신 것이다.

　예수 그리스도를 통해 하나님을 만난 이후로 내 삶엔 점차 변화가 일어나기 시작했다. 내 마음 깊은 곳에서 나를 억누르고 있던 가문대대로 내려오던 영적 문제인 가난의 고리가 풀려나갔다. 예수 그리스도께서 십자가에 못 박히시며 모든 고통과 질고를 완전히 없애버리셨음이 믿어지고 깨달아졌다. 늘 무능하다는 생각에 무슨 일이든 자신이 없었던 내게 예수 그리스도께서는 나와 늘 함께하시며 능력으로 역사하겠다고 약속하셨다. 이것 이상 큰 힘과 배경이 어디 있겠는가. 복음을 누릴수록 내 삶은 더욱 담대해지고 생동감 넘치는 인생으로 바뀌었다.

그뿐인가. 복음을 가지고 현장에서 전도하다 보니 훌륭하고 실력 있는 이들이 행복하지도 않으면서 행복한 척, 문제없는 척 숨기고 있다는 사실을 보게 되었다. 내 가슴엔 인간을 구원하기 원하시는 하나님의 사랑의 한恨이 생겨났다. 그 후 이 비밀을 일평생 말하는 전도자로 살기로 작정했다. 돈이 없어도, 성공하지 못해도 좋으니 하나님 앞에 이 일을 하겠다고 서원한 것이다.

그 고백 위에 하나님께서 주신 응답은 실로 놀라울 정도였다. 하나님의 은혜로 30년이 넘는 세월 동안 오직 전도운동을 위해 열정을 불사를 수 있었고, 하나님의 나라와 그의 영광을 위해 전진한 날들 동안 복음으로 새 생명을 얻고 주를 위해 살겠노라 헌신한 수많은 그리스도의 제자들이 전 세계 곳곳에 세워지는 역사가 일어났다. 오직 복음에 뿌리내린 그 작은 믿음을 보시고 하나님께서는 세계를 살릴 전도전략을 성경 안에서 발견케 하셨다. 또한 무엇보다 복음과 실력을 겸비한 믿음의 후대들이 복음의 뿌리를 내리는 현장을 보여주셨다.

하나님이 주신 은혜의 십만 분의 일도 안 되는 감사……. 그것이 내가 하나님께 드릴 수 있는 전부였다. 연약한 나는 많은 일과 갖가지 인간관계 속에서 때론 지치기도 했다. 하지만 그때마다 하나님 앞에 전적으로 엎드려 기도했고, 하나님은 늘 새로운 힘을 주어 다시 시작하도록 인도하셨다. 걸으면서도, 밥을 먹으면서도, 심지어는 실수하면서도 기도를 쉬지 않았다.

"하나님, 저를 잘 아시지요. 얼마나 무능하고 부족한지를……. 하지만 얼마나 복음을 사랑하고 있는지도……. 4백만 마일이 넘는 비행기를 타면서 무엇을 했는지 하나님은 아시지요. 비행기 안에서, 열차 안에서, 차 안에서 많은 글을 쓴 것을 하나님은 아시지요. 주님, 바라기는 믿음의 후대를 일으켜 세워 주옵소서. 만약 제게 건강을 주시면 주의 복음을 사랑하는 목사님들과 함께 후대에게 복음을 증거 하는 이 사역을 위해 생명을 걸겠습니다. 그로 인해 하나님의 영광이 온 땅에 드러나게 하겠습니다. 겸손히 주를 위해, 담대하지만 교만치 않게, 세계를 향해 뛰지만 하나님을 바라보게 하옵소서. 오늘도 언약적 결단을 내리는 날이 되게 하옵소서."

하나님의 소원을 좇아 세계복음화의 비전을 향해 달려가는 삶, 예수 그리스도로 인생의 결론 난 삶, 어느새 난 주님이 가라 명하신 현장에서 복음만을 외치는 전도제자의 길을 걷고 있었다.

˚인생을 소생시키는 생명의 빛, 복음

우리가 살고 있는 현장에는 거듭되는 인생의 고난 속에 비틀거리며 하루를 살아가는 이들로 가득하다. 하나님을 믿지 않는 이는 물론이고, 어렸을 적 잠깐 교회에 다녔던 사람, 대대로 기독교 가문이지만 마치 불신자처럼 살고 있는 이들, 드문드문 교회에 나가기는 하지만 별다른 감흥을 느끼지 못하고 맹목적인 신앙만 유지하고 있는 사람, 집사나 장로, 권사라고는 하지만 미래에 대한 두려움과 답답함을 이기지 못해 비밀리에 점집을 드나드는 사람들까지.

전도 현장에서 만난 그들은 하나같이 수고하고 무거운 짐을 가득 짊어지고 하루하루 온갖 모양으로 시름하며 불행의 날을 살고 있었다. 그때마다 내 가슴 속엔 현장을 향한 하나님의 간절한 소원이 부딪쳐왔다. 그들 앞에서 나는 완벽한 처방전을 거머쥔 의사처럼 늘 가슴이 쿵쾅거렸다. 한 줄기 생명의 빛이 비춰면 인생에 검게 드리워진 어둠이 일순간에 물러간다는 사실을 알고 있기 때문이다. 그 빛이 바로 복음福音이다. 인간의 영혼을 구할 수 있는 완전한 해답으로 하나님은 복음을 주셨다.

'아, 복음만 알면 될 텐데……. 예수가 그리스도라는 이 언약만 확실하게 뿌리내리면 그것처럼 행복한 인생이 없을 텐데…….'

복음을 듣고 인생이 바뀐 사람들, 복음만 들으면 살아날 현장을 보면서 나는 복음만이 인생의 유일한 해답이 된다는 사실을 확실히 붙잡았다. 그리고 복음으로 인생의 결론을 내고 살아가는 삶이 하나님이 가장 원하시는 것임을 깨닫게 되었다.

구원받지 못한 사람에게 복음만 강조하는 것은 듣기 싫은 소리쯤으로 여겨질 수도 있을 것이다. 교회를 다니긴 해도 예수 그리스도에 취미가 없는 사람은 "에이, 또 그 소리야? 매일 똑같은 소리네!"라며 볼멘소리를 할 수도 있을 것이다. 물론 신앙생활을 하는 데는 프로그램도 필요하고 다양한 신학 사상도 교제도 봉사도 때론 헌신도 필요하다. 그런 의미에서 사람이 여러 가지를 잘해야지 뭘 그렇게 복음만 강조하는가, 라고 하

내 인생 최고의 선물

16

는 것은 참 옳은 말처럼 들린다. 하지만 그리스도인이라면 하나님이 원하시는 것을 정확히 꿰뚫어 볼 줄 아는 혜안慧眼을 가져야 한다.

물에 빠져 죽어가는 사람에게 당장 필요한 것은 최고급 자동차도 화려한 옷도 명예로운 자리도 아니다. 즉시 그를 건져내어 살리는 것이 급선무이다. 살려내는 것, 이것이 바로 복음이다. 저주와 멸망, 해결할 수 없는 영적 고통 속에서 구원의 길 되신 예수 그리스도를 전파하는 것만이 인생이 구원을 얻는 유일한 길이 된다. 복음으로 살려낸 후에는 예수 그리스도 안에 감추어진 풍성하고 복된 삶을 맘껏 향유하도록 복음의 깊이와 넓이를 지속해서 뿌리내리도록 하는 일이 아주 중요하다.

복음 안에는 당신에게 영적, 육신적 풍요로움을 선사할 '모든 비밀'이 감추어져 있다. 누구에게든 열려 있지만 아무나 누릴 수 있는 축복이 아니기에 복음은 드러난 비밀이다. 개인과 가정, 시대를 아우르는 가장 강력한 생명력生命力의 원천은 누가 뭐래도 오직 복음이다. 복음은 아무리 강조해도 지나침이 없고, 그 누구에게라도 부족함이 없는 하나님의 완벽한 구원의 방법이다.

˚ 오늘, 그 가슴 뛰는 사명을 안고

지난 30여 년, 현장에서 전도운동을 하는 동안 복음 증거하는 이 일을 하나님께서 얼마나 기뻐하시는지를 두렵고 떨리는 마음으로 목도했다. 오직 성경이 말씀하는 대로 전도하겠다고, 오직 예수 그리스도만 선포하겠노라고 기도의 무릎을 꿇은 그 많은 시간 동안 하나님께서는 내 깊은 곳에 하나 둘, 선명한 비전을 아로새겨 나가셨다. 그 비전은 내 인생을 빛나게 했고, 나를 진정한 복음 승부사로 살아가도록 이끌어주었다.

여기에 쓴 8편의 작은 기록은 지금껏 내가 살아오면서 하나님으로부터 받은 가장 값진 인생의 보화들을 모아놓은 것이다. 감히 말하건대 이 메시지는 작게는 한 개인을 향해, 그리고 넓게는 세상과 인류 역사를 향한 하나님의 간절한 소원이기도 하다. 복음과 임마누엘, 유일성의 응답, 복음적 동기, 언약기도, 현장, 사실을 보는 눈, 전도, 오늘을 승리하는 비밀 - 하나님의 은혜로 받은 더없이 소중한 이 선물을 하나님의 챔피언인 가장 소중한 당신에게 나누어주고 싶다. 간절히 바라기는, 이 책이 도저히 헤어 나올 수 없는 인생의 갖가지 문제 속에서 아파하며 어려움을 당하는 많은 이에게 예수가 그리스도라는 인생 문제의 해답을 제시하는 훌륭한 로드맵의 역할을 감당할 수 있기를 기도드린다.

*

인생은 보이는 것만으로 채워져 있지 않다. 보이지 않는 영원한 것을 빼앗겨 버렸기에 질고와 고통 속에서 신음하는 것이다. 하나님은 보이지 않지만 영원한 가치를 지닌 비밀이 있다고 말씀하신다. 인생이 결코 알 수 없는 것을 성경을 통해 말씀하시며, 열심과 노력, 종교가 아닌 '믿음으로' 그 길을 향해 나아오기를 원하신다. 어둠에서 빛으로, 절망에서 희망으로, 죽음에서 생명으로 나아오길 하나님은 간절히 고대하신다.

복음은 하나님을 만나지 못한 이 세상 모든 사람을 위해 예비 된 가장 기쁜 소식이기에 이 기쁨을 맛본 자는 오늘도 외칠 수밖에 없다. 참된 행복에 목마른 그 누군가를 위해.

소중한 당신의 삶을 축복하며,

류광수

목차

The Greatest Gift in My Life

The Greatest Gift in My Life

I am not ashamed of the gospel, because it is the power of God for the salvation of
everyone who believes: first for the Jew, then for the Gentile.

Romans 1:16

1

복음,
내 인생 최고의 선물

"내가 복음을 부끄러워하지 아니하노니
이 복음은 모든 믿는 자에게 구원을 주시는 하나님의 능력이 됨이라
먼저는 유대인에게요 그리고 헬라인에게로다" 롬 1:16

CONTENTS

01

누구든지 예수가 그리스도라는 사실을 믿으면 구원받게 된다.
이것이 바로 복음이다. 하지만 이 비밀을 알지 못하면 그 누구도 자신의 잘못과 상관없이
어느 날 갑자기 들이닥치는 재앙의 문제를 이길 수 없게 된다.

° 복음만 말했더니

"예수 믿으셔야 삽니다."

무속인 마을로 유명한 부산 범천동의 안창마을 구석구석을 다니며 전도할 때였다. 하루는 가겟집 앞에 놓인 평상에 앉아 있는데, 웬 아주머니 한 분이 등을 돌리고 앉아 있었다. 맥없이 앉아 있던 아주머니께 던진 나의 단도직입적인 한 마디가 놀라운 답변이 되어 돌아왔다.

"그럼, 날 예수 믿게 만들어 보소."

전도를 하면서 숱한 사람을 만나봤지만 그런 대답은 처음이었다. 낌새를 보니 보통 사람은 아닌 듯 했다. 기회를 놓칠세라 집이 어디냐고 물었다. 아주머니는 자리에서 벌떡 일어서더니 손짓으로 바로 앞집을 가르쳐 주었다.

"지금은 시간이 없고 일주일 후, 바로 이 시간에 꼭 뵙는 겁니다."

난 아주머니와 단단히 약속하고 헤어졌다.

일주일 후 다시 그곳을 찾았을 때, 마침 할머니 한 분이 내가 목사인 것을 알아보고는 말을 걸어왔다. 여차여차해서 그분을 만나려 한다 했더니, 손을 내저으며 말리는 것이 아닌가.

"아이고, 목사님, 관두세요. 그 아줌마 진짜 나쁜 사람이에요."

"아니, 왜요?"

"아, 글쎄, 전도사까지 했던 사람이 전도사는 안 하고 무당 짓 하고 있잖아요."

그런데 그다음 말이 더 놀라웠다. 방에 들어가면 사진이 한 장 걸려 있는데 그것은 다름 아닌 그 무당의 신학교 졸업 사진이라고 했다. 그 말을 들으니 오히려 더욱 그 집에 가야겠다는 용기가 생겼다.

결국 전도에 대한 사명은 나를 그 무속인의 집까지 이끌었다. 집에 들어서자마자 여기저기서 퀴퀴한 냄새가 진동하고 신당 마루 위에는 시커먼 기운이 가득했다. 그리고 아나나 다를까, 마루 위에는 할머니의 말대로 사각모를 쓴 신학교 시절 그녀의 사진이 떡 하니 걸려 있었다. 나는 순간 화가 나서 대뜸 질책하는 투로 말을 던졌다.

"아주머니, 이렇게 살면 됩니까? 신학교까지 나온 사람이……."

아주머니는 나를 빤히 쳐다보기만 할 뿐 아무런 대꾸도 하지 않았다.

*

순간, 하나님의 시간표가 이르렀다는 생각이 스쳤다. 그래서 주저하지 않고 우상을 섬기며 귀신과 교제하면 어떻게 망하는지, 우상 숭배한 죄 때문에 후손 또한 어떻게 고통당하는지, 그 문제에서 빠져나오는 유일한 길, 예수 그리스도를 인생의 주인으로 모셔 들일 때 어떤 축복을 받게 되는지를 조목조목 선포했다.

그런데 웬일인가? 건너편 방문이 스르륵 열리더니 딸인 듯 보이는 처녀 하나가 울음 섞인 목소리로 이렇게 말하는 것이었다.

"그 말이 모두 맞아예. 나 예수 믿고 구원받고 싶니더."

그 날, 무당의 남편인 듯 보이는 피골이 상접한 남자와 그의 딸은 예수님을 마음속에 주인으로 모셔 들였다. 그리고 며칠 후, 남편과 딸은 자리를 훌훌 털고 일어날 정도로 완쾌되었다. 그다음 주에는 무속인도 예수님을 영접하여 신당과 우상의 잔재들을 모조리 없애버렸다. 그리고 이 소문은 곧 안창마을 일대로 재빠르게 퍼져 나갔다.

놀라운 사실은 하나님의 말씀에 은혜 받은 무당 한 사람을 통해 또 다른 무당이 연속해서 예수님을 영접하는 일이 일어난 것이다. 급기야는 안창마을에서 무당 전도 집회까지 열렸고, 이를 계기로 많은 무속인이 주님의 품으로 돌아오는 실로 기적과도 같은 일이 펼쳐졌다.

°복음으로 승부하라

복음운동은 반드시 현장운동이라야 한다는 사실을 난 강대상이나 신학교 도서관이 아닌 현장에서 몸소 부딪치며 깨달았다. 예수님이 가라 명하신 현장에는 구원의 확신 없이 방황하는 자, 기도 응답에 목마른 성도, 전도에 대한 두려움으로 현장 가기를 무서워하는 사람들, 갖가지 갈등과 시험, 신앙생활과 사회생활의 괴리로 부담을 호소하는 기독교인이 많았다. 게다가 알 수 없는 인생의 고통을 짊어진 채 거센 시련의 바람 앞에 흔들리는 불신자들이 복음을 애타게 기다리고 있었다.

'그래, 저 수많은 불신자를 살리는 길은 그들이 있는 현장에서 말씀운동을 지속하는 것밖엔 없어. 예수님도 현장에 직접 가서 말씀을 전하지 않으셨나. 게다가 교회 안에 있는 힘없는 성도를 살리기 위해서는 복음에 대한 확신이 뿌리내리도록 도와줘야만 해.'

현장에 발을 디딜수록 내 마음속엔 이런 믿음이 끊임없이 솟아올랐다.

안창마을의 무속인 가정에 찾아온 기적은 전도운동의 일대 전환점을 마련해 주었다. 게다가 현장을 보는 사실적인 눈을 열고 예수 그리스도의 사랑과 복음의 위력을 깊이 체험케 한 계기를 제공해 주었다. 그로부터 시작된 무속인 전도는 영적 사실과 성경에서 말하는 전도 방법을 깨닫게 한 효시嚆矢로 작용했다. 하나님은 전도자의 관심 밖에 있던 무속인 전도를 얼마나 기뻐하셨던지 두고두고 놀라운 축복을 부어주셨다. 안창마을에서 시작된 무속 사역의 불길은 전국으로 번져나갔다. 그리고 지금까지 500명이 넘는 무속인이 예수님을 영접하고 하나님께로 돌아왔다.

뿐만 아니다. 복음의 능력은 개인을 향한 하나님의 시간표 속에서 놀라운 역사를 이루어냈다. 치유 불가능하다고 생각되었던 마약 중독자들이 회개하고 복음을 받아들인 후 사명자로 변화되는 일이 여기저기서 일어났다. 우상숭배의 영향으로 불치병에 걸려 고통당하던 이들과 정신적 어려움을 호소하던 이들이 복음을 듣고 치유되었다. 그들이 그리스도의 증인으로 세워지는 역사도 일어나고 있다. 수많은 목회자와 중직자, 평신도, 후대들이 복음으로 인생의 답을 찾고 자신이 처한 현장에서 풍성한 은혜를 누리고 있음을 우리는 끊임없이 보고 있다.

하지만 아직 현장의 상황은 그리 녹록지 않다. 알게 모르게 우상을 숭배하고 귀신을 섬기는 이들이 너무 많은 까닭이다. 대한경신연합회에 정식 등록된 무속인만 30만 명에 이른다. 암암리에 활동하고 있는 무속인까지 합산한다면 족히 100만 명은 될 거라는 추측도 있다. 가슴 아픈 일은 무속인 중에 예전에 교회를 다녔던 이들이 적지 않다는 사실이다. 복음에 대한 확신을 놓쳐버린 기독교인 중 자신의 거룩한 신분을 속이고 점을 치러 다니는 사람도 꽤 많다. 우상숭배, 미신, 종교, 제사 등 귀신을 섬기는 일을 하면 언젠가 반드시 어려운 일이 닥치게 된다. 결코 해결할 수 없는 그 문제는 오직 성경에서만 해답을 제시하고 있다. 복음이 아니면 그 무엇으로도 그들의 영혼을 살려낼 수 없다.

이는 비단 한국의 문제인가? 귀신 들린 자들이 모여 결성한 뉴에이지 운동이 현재 미국과 유럽, 전 세계를 장악하고 있다. 정치, 경제, 음악, 체육, 예술 등 분야별로 전문적인 메커니즘을 가지고 파고들어가 사람들을 미혹하고 있는 현장을 아는가. 게다가 명상운동, 기 운동을 하는 단체들이 우후죽순 생겨나 사람들의 정신세계를 장악해나가고 있다. 진보된 매체를 통해 하나님 없는 문화, 하나님을 부인하는 메시지를 퍼트리는 현 세태의 가장 큰 희생양이 우리의 미래인 청소년과 어린이들이라는 점에서 사태는 더욱 심각해진다.

저 유럽의 교회당 중 이미 많은 곳이 문을 닫았다. 심지어 어떤 경우는 나이트클럽이나 술집, 체육관 등으로 탈바꿈하거나 이방 종교의 신전이 되어버린 곳도 있다. 한국 최초의 개신교 순교자 로버트 토마스 선교사를 파송한 영국의 웨일즈 하노버 교회의 사정을 보자. 영화관으로 팔린 이후 식당과 술집으로 팔리기를 거듭하다, 결국 이슬람교도가 이를 사들여 술집으로 개조했다고 한다. 수많은 선교사를 파송했던 선교의 나라 미국은 선교 대상국이 될 정도로 복음의 위력을 잃어가고 있다. 한국교회 역시 유럽교회처럼 갈수록 교인이 감소하고 있다. 교회당이 부도나거나 팔리고 있으며, 미자립 교회가 7, 80퍼센트에 이르고 있다.

어떻게 해야 이런 현장을 살려낼 수 있을까? 답은 간단하다. 성도가 먼저 힘을 얻어야 한다. 전도운동에 사명을 부여받은 목회자와 선교사들이 전도 전문성을 갖추어 현장으로 끊임없이 파고들어야 한다. 철저히 하나님의 말씀을 따라 예수 그리스도의 복음을 명확하고도 담대히 선포해야 한다. 다른 것으로는 통하지 않는다. 오직 복음으로 승부를 겨뤄야 한다. 복음으로 승부를 겨루지 않으면 결론은 뻔하다. 교회도 힘이 없고 제자사역도 구심점을 잃어버리고 만다. 어두운 세상을 살리려면 '복음부터' 확실히 해야 한다.

° 복음의 본질本質을 알면 흔들리지 않는다

하나님의 자녀라면 사실 현장에서 조용히 기도만 하고 있어도 하늘과 땅의 풍성한 응답을 누릴 정도가 되어야 한다. 하나님께서 이미 모든 축복을 누릴 수 있는 특권을 주셨기 때문이다. 그만큼 우리는 특별하고도 소중한 존재임이 분명하다. 그렇다면 회사에, 사업처에, 학교 현장, 그 어느 곳이든 은밀히 기도만 하고 있어도 성령의 역사가 일어나고 흑암 세력이 결박당하는 응답을 누려야 함이 마땅하지 않은가. 그런데도 우리는 일상에 쫓겨 자신이 얼마나 중요한 사람인지, 얼마나 특별한 신분과 권세를 부여받은 사람인지 잊고 살 때가 잦다. 이러한 시간이 쌓여갈수록 영적 사실에 관해 무지할 뿐 아니라 자신과는 상관없는 것쯤으로 인식하고 만다. 도대체 무엇을 놓쳐 버렸기에 이런 현실에 처하게 된 것일까?

가장 중요한 이유는 복음의 본질을 혼동하고 있기 때문이다. 교회는 다니지만 종교생활에 다름 아닌 삶을 살고 있기에 그 같은 결과로 내몰릴 수밖에 없다. 성도가 생명력 있는 신앙생활을 영위하기 위해서는 반드시 두 가지 본질, 즉 '복음의 본질'과 '교회의 본질'을 분명히 알고 자기 것으로 만들어야 한다. 교회에 오래 다니고, 열심히 충성하고 봉사하는 것도 중요하지만 왜 예수를 믿어야 하는지, 왜 교회를 다녀야 하는지에 관해 확실한 결론이 나와야 한다는 말이다. 그래야만 자신도 살고 남도 살릴 수 있다.

예수님께서 활동하던 당시의 사람들 역시 예수님을 따라다니기는 했어도 이 부분에 대해 그저 모호한 신앙색깔만을 가졌을 뿐이었다. 이를 아신 예수님께서 제자들을 모아 놓고 본질적인 질문을 던지셨다.

"사람들이 인자를 누구라 하느냐?" 마 16:13

예수님은 자신을 따라다니던 무리가 예수님 자신을 누구로 알고 있는지를 물으신 것이다. 이는 복음의 본질을 꿰뚫는 질문이었다. 믿음 있는 척 예수님을 추종하던 이들의 대답을 보자. 놀랍게도 그들은 예수님을 단지 세례요한이나 예레미야, 엘리야, 선지자 중의 한 사람과 같다고 여겼다. 자, 이들의 대답이 틀린 것인가? 엄밀히 말해 틀린 것은 아니다. 하지만 이들은 자신이 믿는 예수님이 정확히 누구신지, 그 본질을 전혀 간파하지 못했다. 한마디로 복음의 본질을 놓쳐버린 대답이었다.

오늘날 교회와 성도 역시 그렇다. 어떤 이들은 세례요한처럼 사회의 부조리와 개혁을 부르짖고 따끔한 충고도 일삼으며 활발히 사회운동을 벌이는 것을 기독교의 본질이라 착각한다. 혹은 엘리야처럼 신비운동이나 능력운동을 맹렬히 하거나 예레미야처럼 예수 믿는 것을 마치 꾹 참고 억누르고 고행하는 박애주의와 같은 것으로 인식하기도 한다. 심지어는 종교인의 대표격인 선지자 같다 하여 기독교를 또 다른 종교의 하나로 전락시키는 우를 범한다. 그래서 새벽기도 착실히 하고 주일 예배에 빠지지 않으면 구원받는 줄 오해하고 있다.

상상외로 많은 사람이 예수님을 그런 부류의 사람과 혼동하고 착각하고 있다. 맹목적인 열심에 치우친 신앙생활, 출석 도장만 찍는 힘없는 그리스도인의 삶과 종교생활 하는 다른 종교인과의 차이점이 무엇이란 말인가? 복음보다 신비주의, 복음보다 정의운동, 복음보다 종교생활에 치우치면 결국 자신의 힘으로 결코 이길 수 없는 영적 문제에 걸려 넘어지고 만다. 그렇다면 우리는 무엇을 붙잡고 나아가야 하는가?

°예수, 절대 불가능의 문제를 해결하다

성경 안에 있는 세 가지 영적 사실을 반드시 알고 붙잡아야 한다.

첫째, 하나님이 살아 계셔서 인류의 생명을 주장하시고 우주 만물을 통치하고 계신다는 실제적인 사실을 아는가? 이 비밀이 당신의 것이 되어야 한다. 둘째, 하나님의 복을 받지 못하도록 끝까지 속임수와 계략을 써서 실패시키는 사탄의 존재와 역사를 분명히 알아야 한다. 그래야 영적 싸움에서 이길 수 있다. 셋째, 하나님께서는 어둠 속에 있던 인간을 끝내 건져내어 구원의 길을 활짝 여셨다. 그 길이 예수 그리스도라는 사실을 믿음으로 고백하고 도전할 때 당신은 매일 승리하는 기쁨의 삶을 살게 된다.

만약 당신에게 하나님을 향한 믿음이 없다면 이 사실은 그다지 큰 힘을 발휘하지 못할 것이다. 나 역시 그랬었다. 어려서부터 성경을 알고 누구보다 열심히 성경을 암송했지만, 하나님의 말씀은 아무런 신앙의 도움이 되지 못했다. 그 이유는 '말씀의 실재實在'를 몰랐기 때문이다. 말씀의 실재를 놓쳐버리면 아무리 인격이 훌륭하고 지식이 풍부하고 열심히 신앙생활을 해도 영적, 정신적으로 어려움을 당하다 결국은 자신도 모르게 실패하고 만다. 성경은 분명 우리에게 실제적인 응답을 약속하고 있는데, 그저 피상적인 관찰만 하고 있으면 이런 결과를 맞게 될 수밖에 없다. 하지만 지금이라도 성경에서 말씀하고 있는 중요한 사실을 깨닫고 믿으면, 복음의 능력을 체험하고 응답을 누리며 살게 된다.

창세기 1장에서 말씀하고 있는 핵심은 인간은 그 누구라도 하나님을 만나야 살 수 있다는 것이다. 하나님의 형상대로 창조된 인간은 하나님과 함께할 때 참된 행복과 평안을 누리도록 창조되었다. 이것이 거부할 수 없는 창조의 원리이다. 지구상의 단 한 사람도 이 사실에서 예외일 수 없다. 아무리 어려움 가운데 있더라도 하나님만 만나면 인생의 근본 문제가 해결된다. 사업가가 하나님을 깊이 알면서 사업을 하면 아무도 따라올 수 없는 유일성의 응답을 받게 된다. 학생이 공부하면서 하나님을 깊이 알면 큰 지혜와 힘이 생긴다. '여호와를 경외하는 것, 여호와를 아는 것'이 모든 일의 시작이며, 우리 인생의 근원이자 뿌리가 되기 때문이다.

그렇다면 왜 인간에게 이런 끔찍한 고난과 실패가 찾아오게 된 것일까? 눈에 보이지 않는 사탄이 교묘하게 인간을 유혹하여 죄를 지어 하나님을 떠나도록 속였기 때문이다. 이 사실이 창세기 3장에 선명하게 그려져 있다. 하나님의 말씀에 불순종하여 죄를 지은 그 순간, 인간은 하나님을 떠나 사탄에게 붙잡히게 되었다. 하나님과 함께 살아야 할 인간이 영적인 눈이 어두워져 세상을 따라가고, 하나님의 말씀을 떠나 귀신과 우상을 섬기니 자꾸만 실패하게 되는 것이다.

일전에 어떤 분이 나를 찾아와 상담을 요청했다. 집안에 정신병자가 세 명 있는데 도대체 왜 이런 일이 자꾸 생기는지 모르겠다며 답답함을 호소했다. 한 명도 아니고, 세 명이나 정신문제를 당하고 있으니 오죽 힘들겠는가. 그 이유와 해답을 들려주고 창세기 3장과 요한복음, 요한계시록 12장을 읽어보라고 얘기했다. 아무리 착하고 바르게 살아도 인간의 힘과 노력으로는 영적인 문제와 어둠의 세력인 사탄을 결코 이길 수 없다.

사탄은 인간을 유혹하여 교만한 마음을 불어넣어 넘어뜨렸고, 사랑과 능력의 하나님은 인간이 죄를 범한 바로 그 순간에 복음을 주어 구원의 길을 여셨다. 인간의 힘으로 절대 해결할 수 없는 세 가지 근본문제인 '죄의 문제, 원인도 없이 밀려오는 저주의 문제, 인간을 철저히 파멸시키는 사탄의 권세'를 깨뜨릴 구원자, 메시아를 보낼 것이라는 사실적인 말씀을 주신 것이다. 선행으로도, 돈으로도, 지식으로도, 그 어떤 종교적인 노력으로도 해결할 수 없는 절대 불가능의 문제를 해결하기 위해 오신 분이 예수 그리스도시다.

"주는 그리스도시요 살아 계신 하나님의 아들이시니이다" 마 16:16

제자들을 향해 던지신 예수님의 동일한 질문에 베드로는 예수님이 누구신지 정확하게 선포했다. 예수님의 마음을 시원케 한 베드로의 고백이 바로 나의 고백, 당신의 고백이 되어야 한다. 과연 예수 그리스도가 누구시기에 그 이름 앞에 사탄이 물러가고 그 이름을 통해 하나님을 만날 수 있게 되는 것일까? 그분이 어떤 일을 하셨기에 죄의 결과로 오는 모든 재앙과 저주, 영적 고통에서 해방 받게 되는 것일까? 도대체 '예수가 그리스도'라는 말에는 어떤 의미가 감추어져 있다는 말인가?

하나님을 떠나 죄와 저주, 사탄의 권세에 묶여 고통당하는 인간을 구원하기 위해 하나님이 인간의 몸을 입고 오셔서 사탄의 머리를 박살내시고, 죄와 저주의 권세를 멸하시고, 하나님 만나는 길을 열어 인생의 모든 문제를 완전히 해결하셨다. 그가 바로 참된 왕, 제사장, 선지자의 직분을 감당하신 그리스도요, 그 이름이 구원자 예수라는 말씀이다.

그렇다. 세상을 구원하시려, 인생이 고민하고 염려하고 있는 바로 그 부분을 책임지시려, 하나님을 떠나 알지도 못한 채 당하고 있는 어둠의 일들을 완전히 해결하시기 위해 예수님이 그리스도로 오셔서 십자가에 못 박혀 죽으시고 부활하셨다.

우리가 예수 그리스도를 믿는 것은 바로 '예수'가 우리의 모든 문제를 해결하신 '그리스도'이기 때문이다. 누구든지 예수가 그리스도라는 사실을 믿으면 구원받게 된다. 이것이 바로 복음이다. 또한 이것이 바로 우리가 누려야 할 복음의 본질이다. 이 비밀을 알지 못하면 그 누구도 자신의 잘못과 상관없이 어느 날 갑자기 들이닥치는 재앙의 문제를 이길 수가 없다. 예수가 그리스도라는 사실을 아는 자, 예수가 그리스도라는 사실을 믿는 자, 이 비밀을 전하는 자, 그가 바로 구원받은 하나님의 자녀인 것이다.

자, 이 사실을 믿음으로 고백하고 선포해 보라. 모든 것이 정말 달라지기 시작한다. 예수님을 믿고 영접하는 자는 실제로 예수 생명을 얻고 예수 능력을 힘입어 예수 축복을 누리며 살게 된다. 이 비밀을 조금 더 깊이 있게 누리다 보면 어떤 문제 앞에서도 흔들리지 않고 담대히 믿음을 고백하게 된다. 그뿐 아니다. 예수가 그리스도라는 신앙고백 위에 하나님은 반석 같은 교회를 세울 것이라 약속하셨다.

˚ 교회, 세상을 생명력 있게 점령하라

"또 내가 네게 이르노니 너는 베드로라 내가 이 반석 위에 내 교회를 세우리니 음부의 권세가 이기지 못하리라 내가 천국 열쇠를 네게 주리니 네가 땅에서 무엇이든지 매면 하늘에서도 매일 것이요 네가 땅에서 무엇이든지 풀면 하늘에서도 풀리리라 하시고" 마 16:18~19

예수님이 인생의 모든 문제를 해결하신 그리스도라는 믿음의 반석 위에 세워진 교회는 절대 흔들리지 않는다. 예수님이 주인 되신 교회를 사탄의 세력이 결코 넘어뜨릴 수 없다. 하나님의 백성이 기도의 열쇠를 사

KEY 열쇠

예수님이 인생의 모든 문제를 해결하신 그리스도라는 믿음의 반석 위
에 세워진 교회는 절대 흔들리지 않는다. 예수님이 주인 되신 교회를 사
탄의 세력이 결코 넘어뜨릴 수 없다. 하나님의 백성이 기도의 열쇠를 사
용하면 무엇이든지 응답하겠다는 확약도 주셨다. 이것이 오늘날 교회
가 반드시 회복해야 할 본질이요, 사명이다.

And I tell you that you are Peter, and on this rock I will
build my church, and the gates of Hades will not overcome it.
I will give you the keys of the kingdom of heaven; whatever
you bind on earth will be bound in heaven, and whatever you
loose on earth will be loosed in heaven." (Matthew 16:18~19)

*

내 인생 최고의 선물

용하면 무엇이든지 응답하겠다는 확약도 주셨다. 이것이 오늘날 교회가 반드시 회복해야 할 본질이요, 사명이다.

그런데도 사람들이 간혹 교회에 대해 선입견을 품는 것은 교회의 본질을 보지 못했기 때문이다. 혹자는 교회에 가면 돈이 나오는가, 밥이 나오는가 하면서 빈정대는 투로 말한다. 어디 돈과 밥뿐이겠는가. 잘 몰라서 그렇지 그와 비교할 수 없는 엄청난 축복이 예비 된 곳이 바로 교회이다. 또 어떤 이는 교회가 왜 이 모양인가, 라고 비난 조로 말한다. 엄밀히 말하자면 교회가 그런 것이 아니라 복음의 비밀을 알지 못한 채 교회에 다니는 사람이 간혹 처신을 잘하지 못해 그런 것이다. 교회를 구제와 선행하는 곳으로만 알고 있는 이들도 있다. 물론 구제와 선행도 해야 하지만 그것이 교회의 본질은 아니다.

이 땅에 교회가 존재하는 이유를 세 가지로 꼽아보자면 이렇다.

첫째, 교회는 성도들이 모여 기도하며 하나님의 능력을 받기 위해 존재하는 곳이다. 하나님은 우리가 예배드릴 때 하늘과 땅의 모든 복을 쏟아 부으려 준비하고 계신다. 전구와 전원이 연결되어 있어도 스위치를 꽂아야 불이 들어온다. 수원지에서 집까지 물이 연결되어 있어도 수도꼭지를 틀어야 물이 쏟아지지 않는가. 마찬가지로 하나님은 예배를 통해 풍성한 축복을 마음껏 누릴 수 있도록 어마어마한 복을 예비해 놓고 기다리고 계신다. 예배와 찬양을 통해 성령의 능력을 공급받으면 엿새

동안 세상에 나가 거뜬히 승리하는 비밀을 갖게 된다. 하지만 이 비밀이 없으면 세상을 앞서 가거나 이길 수 없다. 그 반대로 세상에 끌려다니게 된다. 성도가 하나님의 말씀을 듣고 기도하다가 성령의 충만한 능력을 힘입는 곳이 바로 교회이다.

둘째, 교회는 이 능력을 나타내는 곳이다. 이 말을 달리 표현하면 전도하는 곳이 바로 교회이다. 예수님께서는 "오직 성령이 너희에게 임하시면 너희가 권능을 받고"라고 말씀하셨다. 성령의 능력을 힘입으면 전도가 저절로 되어지는 것을 체험하게 된다. 죽어가는 영혼에게 예수가 그리스도라는 진리의 복음을 증거하는 것이 교회의 사명이요, 본질이다.

마지막으로, 교회는 어느 곳에서도 말해주지 않고, 해결해 줄 수 없는 영적 문제와 유일한 해결책인 복음을 알려주는 은혜의 처소이다. 이 땅에 끔찍한 고통이 계속되는 이유는 훌륭한 경제인과 뛰어난 지식인이 없어서가 아니다. 영적 문제 때문이다. 사람의 힘과 능력으로는 이해할 수 없는 고통과 운명, 각종 우울증과 정신문제, 그로 인한 자살문제, 자녀의 타락과 방황, 갈수록 증가하는 범죄와 재앙의 문제, 불안한 미래문제, 눈에 보이지 않게 역사하는 사탄의 교묘한 속임수를 유일하게 해결할 수 있는 곳이 바로 교회이다. 다시 말해 하나님을 떠나 어둠 가운데 있는 자를 건져내어 하나님 자녀의 축복을 누리도록 도와주는 곳, 영원한 천국을 실현하는 모형이 바로 교회인 것이다. 바로 이 사실을 알리기 위해 교회가 존재한다.

복음 가진 교회가 세워지면 그 지역이 축복을 받고, 복음 가진 한 사람 때문에 회사와 학교가 복을 받고 살아나게 된다. 교회는 복음이 희미해지거나 사라지지 않고 강인한 생명력을 가지고 지속적으로 후대에 전달되도록 지켜나가야 할 사명이 있다. 교회가 이러한 본질을 회복하기만 하면 자연스레 민족과 세계가 살아나는 역사가 일어나게 된다.

이 중요한 비밀을 내팽개치고 그저 열심히 교회에 다니면 어느 날 이유 없이 다가오는 온갖 문제를 이기지 못하고 인생이 곤두박질치는 것을 경험하게 된다.

혹 당신에게 해결되어야 할 영적 어려움이 있다면 그것을 해결하려고 세상의 방법에 자신을 내어 맡기지 말라. 그보다 더 중요한 것이 있다. 부활하시고 승리하신 예수 그리스도께서 당신의 인생을 책임지시도록 그분을 마음속에 주인으로 맞아들여라. 예수님이 오랜 세월, 거센 시련의 바람에 맞서 일그러져 버린 당신의 아픔을 어루만지고 치유해나가실 것이다. 과거의 은밀한 영적 문제, 더러운 우상 숭배의 잔재를 깔끔하게 던져버리고 그리스도의 능력만을 의지하라. 하나님의 말씀을 당신을 향한 응답이요, 해답으로 붙들어라. 문제 앞에 틈을 주지 말고 그리스도의 능력으로 해결하려는 진실한 중심을 가져라. 구원과 평안의 증거가 나타나고 예비 된 응답이 몰려올 것이다.

'곤고한 인생에 하나님이 긍휼의 복을 쏟아 부어 구원의 주, 예수 그리스도를 내게 보내셨구나. 예수님이 바로 그리스도시요, 나를 구원하신 살아 계신 하나님의 아들이 맞구나!'

믿어지지 않겠지만 겨자씨만 한 이 작은 생각이 세계로 번져나가는 생명의 시원始原이 된다. 이것이 바로 오직 예수 그리스도 안에 모든 것이 예비 되어 있음을 믿는 성도의 가장 아름다운 신앙고백이다. 이 고백 앞에 흑암의 세력은 무력화되고 이 아름다운 영적 영향력으로 말미암아 우리가 거하는 현장은 복음의 빛으로 생명력 있게 점령당하고 마는 것이다.

˚ 임마누엘, 강력한 복음의 핵

"이 세상에 나보다 더 행복한 사람 있으면 내게 데려오세요. 그 사람과 악수하고 싶어요."

이 고백이 태어난 지 6주 만에 시력을 잃고, 한 살 때 아버지가 돌아가셨으며, 열한 살 되던 해 가장 사랑하는 할머니마저 잃어버린 사람의 고백이라고 믿어지는가? 하지만 95년을 사는 동안 그녀는 하나님으로부터 복음을 향한 끝없는 열정과 에너지를 선물로 받아 무려 만여 편의 찬송시를 지어 주님께 영광을 돌려 드리는 행복한 인생을 살았다. 그가 바로 '예수로 나의 구주 삼고, 오 놀라운 구세주'와 같은 은혜의 찬송시를 지은

패니 제인 크로스비 여사다. 그녀의 찬송시 하나하나는 복음의 깊은 비밀을 체험한 자만이 느낄 수 있는 온전한 자유와 생명력으로 꿈틀거린다. 그리고 우리의 마음에 깊은 평안을 선사한다. 크로스비의 삶은 하나님과 함께하는 '임마누엘'의 비밀 속에서 풍성하게 꽃피워졌다.

성도의 진정한 힘은 어디서 솟아나는 것일까? 바로 '하나님이 함께하는 비밀'에서부터 시작된다. 임마누엘이란 '하나님이 우리와 함께 계신다.'라는 뜻이다. 그런 뜻에서 임마누엘은 구원을 의미한다고 볼 수 있다. 또한 임마누엘은 여호와의 이름이 성취되는 것을 말한다. 구약을 보면 여호와 하나님의 활동을 담은 이름을 여러 군데서 발견할 수 있다. '여호와 이레'는 하나님은 예비하시는 분이라는 뜻이다. '여호와 닛시'는 여호와는 승리하시는 분, '여호와 라파'는 치료하시는 분, '여호와 샬롬'은 평강의 하나님이라는 뜻을 담고 있다. 이는 하나님께서 우리의 모든 것을 알고 인도하시는 분이라는 사실을 전해주고 있다.

이러한 하나님의 능력이 한 이름으로 나타났는데, 그가 바로 예수 그리스도시다. 인생의 모든 문제를 해결하기 위해 오신 예수 그리스도를 믿음으로 마음속에 모셔 들일 때 전능하신 하나님과 함께하는 임마누엘의 축복을 누리게 된다. 내가 주님 안에, 주님이 내 안에 계시기에 문제는 더 이상 문제가 되지 않는다.

대체로 사람들은 자신의 일, 사회적 위치, 형식, 드러나는 것, 인기, 분

위기를 중요시한다. 하지만 하나님이 가장 소중하게 여기시는 것은 그분과 우리의 '관계'이다. 더 구체적으로 말하면, 하나님은 바로 '당신'을 가장 기쁘게 여기신다. 때론 피를 나눈 가족이나 수십 년을 함께해 온 친구조차도 내 모든 것을 온전히 헤아리지 못할 때가 있다. 살다 보면 시시각각 변하는 세상 속에서 예상치 못하게 엄습해 오는 낯선 일들로 인해 갑작스러운 어려움을 당할 때도 한두 번이 아니다. 우리 내면의 깊은 사정을 속속들이 알아줄 이 누가 있을까? 하지만 하나님은 내가 어디에 있든 바로 그곳에 늘 함께하신다. 그래서 우리에겐 늘 하나님을 바라보는 중심이 필요하다.

임마누엘의 언약 안에서 하나님만 바라보고 나아가라. 아무리 훌륭해도 하나님을 떠나서는 그 누구도 참된 행복을 누릴 수 없다. 재물, 건강, 자녀, 미래 역시 하나님의 인도하심 없이는 보호받을 수 없다. 하나님과 함께하면 모든 것이 충분하다. 심지어 가진 것이 없어도 풍성함을 누리게 된다.

미국의 부호로 꼽히던 변호사 스패포드는 사랑하는 외아들을 잃은 지 몇 달 후 시카고에서 일어난 큰 화재로 전 재산을 잃어버리는 아픔을 겪게 되었다. 2년 뒤, 아내와 네 명의 아이들과 함께 유럽여행을 계획하게 되었는데 예기치 않은 일 때문에 아내와 네 딸이 먼저 배를 타고 출발했다. 그러나 1873년 11월 22일, 그 배는 영국 선박과 충돌한 지 12분 만에 침몰했고 226명이 죽고 말았다. 아내는 구출되었지만 딸들은 안타깝게도 모두 익사했다.

네 딸이 죽은 비극적인 사고 지역을 지나던 그는 가슴이 무너지는 슬픔을 뒤로한 채, 하나님 앞에 간절히 엎드려 기도하던 중 영감을 받아 "It is well with my soul(내 영혼 평안해)"이라는 찬양 가사를 지었다. 이것이 그 유명한 찬송가 413장 '내 평생에 가는 길'이다. 하나님과 함께하는 비밀이 극단적인 고통 가운데서도 그를 다시 일어서게 한 것이다.

하나님과 함께하는 사람은 모든 것을 견딜 수 있다. 극심한 고통을 당할 수도 있고, 어느 날 가난해질 수도 있다. 하지만 그 상황을 딛고 일어나 다시 도전정신을 불태울 수도 있다. 상황이 곤란해져도, 매를 맞고 감옥에 갇혀도 문제없다. 복음을 위해 수고로움과 자지 못하는 것, 먹지 못하는 것, 욕을 먹는 상황조차도 견뎌낼 수 있다. 속이는 자 같으나 참되고, 무능한 자 같으나 유명한 자요, 죽는 자 같으나 살고, 근심하는 자 같으나 기뻐하고, 가난한 자 같으나 많은 사람을 부유케 하고, 아무것도 없는 자 같으나 모든 것을 가진 자이다. 하나님이 함께하시기에.

다윗은 원수들을 피해 도망 다닐 때조차도 "나의 힘이 되신 여호와여 내가 주를 사랑하나이다"라고 고백했다. 요셉 역시 하나님과 함께하는 비밀 속에서 비참한 노예살이, 억울한 옥살이를 감사함으로 견뎌내었다. 어려움 속에서도 하나님을 원망하지 않고 정금 같은 신앙을 고백한

욥의 인생은 또 어떤가? 바울 역시 환란과 핍박 속에서 생명조차 내어놓고 복음을 증거했다. 하나님과 함께하는 임마누엘의 비밀, 바로 이것이 강력한 힘의 원천이 된 것이다.

만약 우리가 다른 사람을 인도하고 변화시키려면 우리 자신이 먼저 주님 앞에 서서, 주님과 함께하는 비밀을 누려야 한다. 어떤 집사님은 믿지 않는 남편을 하나님께로 인도하기 위해 압력도 넣고, 바가지도 긁고, 애교도 부리는 등 갖은 방법을 써 보았지만 잘되지 않았다고 한다. 그런데 자신이 하나님 앞에 서 있을 때 비로소 남편이 자연스레 하나님께로 인도되었다고 한다.

믿어지는가? 예수 이름 앞에 모든 어둠의 세력이 박살나고, 고통과 절망의 아우성이 구원과 희망의 노래로 바뀌고 만다는 은혜의 사실이.

°복음, 어느 정도 알고 있는가?

구원받았다는 말은 전능하신 하나님이 나와 함께하신다는 뜻이다. 실제로 성도에게 그것보다 더 큰 축복은 없다. 하나님의 영이 함께하는 비밀, 이것이 복음의 핵이다. 당신은 이 사실에 대한 분명한 확신을 가지고 있는가? 만약 이 비밀을 모르거나 희미하게 인식하고 있다면 얼른 자신을 돌아보아야 한다. 그것만큼 아슬아슬하고 위태로운 일이 없기 때문이다. 마치 그런 인생은 브레이크 없는 차를 운전하는 것과 같고, 수영할 줄 모르는 사람이 깊은 바다로 뛰어드는 것과 같으며, 무면허인 사람이 차를 몰고 질주하는 것과 같다.

예전에 이름만 대면 알 만한 대형교회의 중학교 3학년, 고등학교 1학년들만 모아 놓고 말씀을 전할 기회가 있었다. 큰 교회답게 얼마나 준비를 철저히 했던지 감탄이 저절로 나왔다. 그런데 특이한 사실이 발견되었다. 아이들은 신나게 웃고 떠드는 프로그램에는 과민할 정도로 반응을 보였다. 하지만 막상 설교를 시작하자 메시지가 튕겨 나오는 것을 느꼈다. 스펀지처럼 말씀을 빨아들이지 못하는 것이다. 고심하다 약간의 인본주의를 발휘했다. 설교 짬짬이 웃기는 얘기도 하면서 말씀을 전달한 것이다. 그런데 그제야 조금씩 반응이 나타나기 시작했다.

집회 마지막 날, 캠프파이어가 예정되어 있었다. 나는 이 기회를 십분 활용해야겠다고 단단히 마음을 먹었다. 우선 담당 교역자에게 의자 세 개를 준비해 달라고 부탁했다. 담당 교역자와 내가 나란히 앉고 내 앞에는 의자를 두어 학생들이 한 명씩 돌아가면서 앉도록 했다. 캠프파이어를 하는 중에 한 사람씩 상담이 진행됐다. 그런데 무려 7, 80퍼센트나 되는 아이들이 구원에 대한 확신이 없었다. 교회에 왜 다니느냐고 했더니, 친구 따라다닌다고 얼버무리는 아이들이 많았다. 모든 것이 분명해졌다.

담당 전도사와 나는 아이들 한 명, 한 명을 상담하며 복음을 전하고 영접 초청을 했다. 이제 남은 일은 성령께서 역사하시는 것뿐이었다. 감사하게도 상담한 아이들 중 영접을 거부한 아이는 하나도 없었다. 그날 밤, 캠프파이어와 함께 예정되어 있던 재미있는 프로그램은 모두 취소되었다. 대신 아이들은 모두 손을 잡고 하나 되어 하나님 앞에 간절히 기도했다. 성령의 충만한 은혜가 아이들 가슴에 불꽃처럼 타오르는 것이 느껴졌다. 아이들의 영적 상태를 본 담당 교역자는 처음에 부끄러워 어쩔 줄 몰라 하다가 눈시울을 붉히며 이렇게 말했다.

"아이들이 이 정도로 기초 지식이 없는 줄 몰랐어요……."

그분의 고백을 듣는 순간 마음 깊이 안타까움이 파고들었다.

"전도사님, 복음은 기초가 아닙니다. 복음은 전부예요, 최고 수준입니다."

예수가 그리스도라는 말은 신학적, 지식적인 설명만 들으면 누구라도 알 수 있는 말이다. 하지만 중요한 사실이 있다. 아는 것도 아는 것 나름이다. 예수가 그리스도라는 사실을 알되 깊이 있게 알아나가야 한다. 이 말이 무슨 뜻인가? 이 비밀이 삶 속에서 체험되고 내 것으로 순간순간 뿌리내려야 한다는 말이다. 어떻게 가능한가? 내 모든 관심이 예수가 그리스도라는 사실에 방향 맞춰지면 된다. 세상의 그 어떤 것보다 말씀 듣기를 사모하고 예배를 최우선에 두면 된다. 불완전한 자신의 내비게이션을 따라가지 말고 하나님의 소원과 계획만 끝까지 따라가라. 모든 생활 속에서 기도를 통해 그리스도의 비밀과 임마누엘의 비밀을 할 수 있는 한 깊이 누려보자. 그러면 감사가 차고 넘치도록 임할 것이다.

아마 사탄은 이 일을 필사적으로 방해하려 할 것이다. 교회는 실컷 다녀도 그리스도만 모르게 하는 작전을 귀신같이 펼칠 것이 분명하다. 우리의 관심이 복음 아닌 다른 곳으로 향하도록 절묘하게 속이려 발버둥칠 것이다. 믿음으로, 행동으로 사탄을 깊이 낙심케 만들어라.

단순히 예수가 그리스도라는 사실을 아는데 그쳐서는 안 된다. 우리의 관심이 온전히 그분의 것이 되도록 자아를 내려놓고 성령 충만으로 도전해 보자. 예수가 그리스도라는 말에 감동이 오고, 그 눈으로 성경 전체가 보이며, 예수가 그리스도라는 말에 인생의 답이 나올 정도가 될 때까지. 예수 안에 모든 것이 감추어져 있다는 사실에 인생의 결론을 내리면 그때부터 참된 응답과 역사는 시작된다.

° 복음의 뿌리내림, 그 풍성한 은혜

"그러므로 너희가 그리스도 예수를 주로 받았으니 그 안에서 행하되 그 안에 뿌리를 박으며 세움을 받아 교훈을 받은 대로 믿음에 굳게 서서 감사함을 넘치게 하라" 골 2:6~7

*

Gospel !

So then, just as you received Christ
Jesus as Lord, continue to live in him,
rooted and built up in him, strengthened
in the faith as you were taught,
and overflowing with thankfulness.
(Colossians 2:6~7)

예수 그리스도를 믿음으로 영접한 하나님의 자녀는 구원을 얻어 주님과 영원한 생명적 관계를 맺게 되었다. 생명이 자라려면 무엇보다 말씀이 잘 심어져야 한다. 심어진 후에는 뿌리를 잘 내리는 것이 아주 중요하다. 나무의 뿌리가 든든히 내려져 있으면 성장은 문제 되지 않는다. 그러나 뿌리가 죽으면 물도, 태양도 필요 없게 된다. 뿌리가 시들해진 나무에 햇빛이 비치면 오히려 더 빨리 죽고, 물을 뿌리면 썩어버리고 만다. 생명의 뿌리를 내리는 일은 이토록 중요하다.

복음의 뿌리를 깊이 내리지 않으면 교회에 다니면서도 응답이 없고 계속되는 문제에 시달리다 허송세월만 보내게 된다. 아무리 몸부림을 쳐도 문제는 해결되지 않고 어디 좋은 교회 없나 싶어 이 교회, 저 교회 기웃거리지만 결국은 떠돌이 교인 수준을 면하지 못한다. 복음 아닌 자기 생각에 뿌리를 내리면 자신도 모르게 갈팡질팡하는 신앙생활을 하게 되는 것이다.

하지만 예수 생명, 예수 능력의 비밀을 알고 복음에 뿌리를 내리는 사람의 인생은 뭐가 달라도 다르다. 연속되는 기도 응답으로 삶이 늘 즐겁고 윤택하다. 늘 말씀을 가까이하기에 은밀한 영적 문제도 한순간에, 혹은 서서히 해결되는 것을 체험하게 된다. 이런 사람이 가는 곳마다 현장은 생기가 넘쳐흐른다. 뿌리내린 대로 열매 맺는 원칙을 따라 복음 열매, 전도 열매로 삶은 더욱 풍성해지고, 성령의 역사로 그를 만나는 사람들은 행복해진다.

우리가 지속적으로 전도훈련 과정을 밟는 것도 결국은 세상에 길든 체질을 복음 체질로 바꾸기 위함이다. 나 한 사람이 복음 뿌리를 깊이 내림으로 자손 대대로 복음의 영향력이 전해질 것을 생각해 보라. 감사하지 않은가. 앞으로 지속될 전도운동의 역사를 생각할 때 복음 뿌리내리는 것보다 시급하고 중요한 일은 없을 것이다.

복음의 뿌리를 내리다 보면 자기도 모르는 새 '복음을 누리고 말하는 그리스도의 제자'로 세워지는 응답을 받게 된다. 제자란 고린도전서 4장 1절에 나타난 대로 '그리스도의 일꾼인 동시에 예수 그리스도의 비밀을 소유한 자'를 말한다. 이 비밀을 가진 사람은 모든 상황, 환경, 사건을 초월하는 힘이 있다. 복음을 위해서라면 혈연조차도 뛰어넘을 수 있고, 복음 때문에 죽음조차 불사해야 하는 상황에 있다면 목숨까지도 내어놓을 수 있는 자들이다. 복음에 생을 걸었기에 가능한 일이다.

요셉, 모세, 사무엘, 다윗, 이사야, 엘리사, 바울의 일생을 보라. 어떤 고난과 역경, 시기, 미움, 누명, 비방, 핍박, 심지어 죽음조차도 복음 뿌리 굳건히 내린 이들을 넘어뜨릴 수 없었다. 이들은 자기 마음대로, 고집대로 행동하기를 거부했다. 철저히 말씀을 따라, 참된 가치를 좇아 전진했다. 섣불리 불신앙하지 않고 철저히 자기를 부인한 채 겸손히 주를 바라보았다. 하나님께 영광이 된다면 자신은 없어져도 괜찮다고 생각할 정도였다.

특히 전도자 바울은 복음을 몰랐던 시절, 예수 그리스도를 믿는 사람을 잡으러 다니고 그들을 핍박했던 자신을 보며 지극히 작은 자 중에 가장 작은 자라고 말했다. 심지어는 만삭 되지 못하고 태어난 자와 같다며 자신의 부족함을 드러내었다. 감히 그리스도를 핍박하고 다녔던 자신이 이제 그리스도를 증거 하는 인생을 살게 된 것을 보고 '나의 나 된 것은 하나님의 은혜'라고 고백할 수밖에 없었던 것이다. 최고의 지식인 그리스도를 알게 되었으니 가진 모든 것을 배설물로 여긴다고 고백했으며, 자신의 유일한 소원은 예수 그리스도께 발견되는 것이라고 했다. 또한 천국 시민권을 가진 자로써 위에서 부르신 부름의 상을 위해 달려간다고 했다.

"하나님, 당신의 계획이 무엇인가요? 이 문제를 주님의 손에 맡기고 주님의 인도를 받기 원합니다. 합력하여 선을 이루시는 주님께서 원하시는 대로 나를 이끌어 주옵소서."

혹 지금, 문제 앞에 서 있거나 답답한 일이 놓여 있다면 복음적 눈으로 선택하고 결단하라. 이 믿음이 쌓여 복음의 뿌리는 자꾸 내려진다. 아브라함은 조카 롯을 떠나보내기로 결단하고 그에게 모든 것을 양보한 후 여호와 앞에 단을 쌓고 기도하기 시작했다. 그가 복음의 길로 들어서는 순간 어려움의 고리가 끊어지고 연속해서 복음적인 응답이 펼쳐졌다. 젊은 날의 혈기로 사람을 죽이고 도망해 살던 모세가 하나님을 인격적으로 만나 복음적 결단을 내렸을 때, 하나님은 이스라엘 민족을 모세에게 맡기셨다. 신사참배를 강요하는 시대적 분위기 속에서 죽음을 각오하고 복음을 선택한 순교자의 피가 한국 교회의 부흥을 이루어낸 밀알이 되지 않았는가.

하나님이 우리를 부르신 가장 큰 이유는 생명의 복음을 누리고, 예수를 믿었더니 내 모든 문제가 해결되었다, 라고 하는 믿음의 고백을 통해 주님이 행하시는 선한 사역에 증인으로 쓰시기 위해서이다. 오직 예수, 오직 복음, 오직 전도, 이 언약 안에 모든 해답이 있다. 그 해답을 발견하며 누리고 증거하는 삶이야말로 가장 아름답고 존귀한 인생이 아니겠는가.

우리 몸의 면역력이 강화되면 병균이 들어와도 아무런 해를 입히지 못한다. 마찬가지로 복음의 뿌리를 내리면 사탄의 세력이 감히 당신의 가정과 사업처에 들어올 수 없다. 들어와도 아무런 득이 되지 않는다는 것을 사탄이 먼저 알고 있다. 스위치를 켜는 순간 어둠이 사라지듯 저주 세력이 틈타려 하다가도 당신이 하나님의 축복을 매 순간 누리는 것을 보고는 기겁하고 달아나고야 말 것이다.

° 내 삶을 지배하는 복음

30여 년이나 지난 일이다. 전도운동을 하던 중에 내 힘으로 도저히 해결할 수 없는 막막한 상황에 부딪히게 되었다. 오로지 기도만이 나를 인도하는 유일한 힘이 되었기에 그날도 누가복음 18장의 말씀을 펴 놓고 진실한 마음으로 하나님 앞에 엎드렸다. 재판관에게 강청하던 과부처럼 내게 응답하실 능력 있는 단 한 분, 하나님만 바라보며 틈날 때마다 쉬지 않고 기도했다.

"하나님, 저는 배경이 없습니다. 돈도 없고, 학벌도 없습니다. 하지만 하나님이 나의 배경 되시고, 나의 재산이시며, 하나님만이 나의 지식이십니다. 내 사정과 형편을 아시는 주님께서 오직 복음만 전할 교회로 나를 보내주십시오."

지금 생각해 보면 하나님이 내게 큰 소망을 품게 하신 순간이었다. 진실한 중심으로 드린 기도에 하나님은 역사하셨다. 부산에서도 영도, 그 중에서도 12평 작은 개척교회로 나를 보내주신 것이다. 그곳에서 복음과 전도의 열정으로 충만한 교인들과 전도운동을 할 수 있게 문을 열어주셨다. 이것이 세계복음화를 위한 전도운동의 시작이 되었을 줄 상상이나 했겠는가. 예수가 그리스도라는 원색의 복음이 증거 되자 전도의 큰 역사가 일어나기 시작했다. 부산 전역뿐 아니라 전국에서 메시지를 들으러 사람들이 좁은 지하교회로 개미떼처럼 몰려들었다.

"하나님, 교회당은 비좁지만 복음을 전할 수 있는 것만으로도 감사합니다. 현장에 복음을 몰라 죽어가는 이들이 가득하니 저들을 살려내야겠습니다. 저에게 성령 충만한 힘을 주십시오."

*

복음의 비밀을 체험하며 계속해서 기도하던 중에 하나님은 또 다른 은혜를 주셨다. 성경대로 전도하니 자연히 교회는 부흥되었다. 뿐만 아니라 하나님은 복음 전파에 걸림돌이 되는 나의 불신앙과 인본주의, 잘못된 동기까지 없애도록 은혜를 부어주셨다. 그 후 부산뿐 아니라 전국과 세계를 향해 사명자들을 깨우러 쉴 새 없이 다녔다. 하나님은 날마다 새로운 응답으로 세밀하게 나를 인도하시며, 기도의 지경을 넓혀 나가셨다. 지금까지도 세계복음화를 위한 당신의 계획을 선명히 보여주고 계신다. 오늘도 나는 오직 복음만이 내 삶을 지배하도록 주님 앞에 기도하기를 주저하지 않는다. 나와 우리 모두가 사는 길은 복음뿐이기 때문이다.

자기 변화를 이루는 가장 중요한 힘은 오직 예수 그리스도의 권능, 오직 성령의 능력이다. 우리 스스로 힘으로는 영적 어려움을 절대 해결할 수 없다. 살아 계신 하나님께서 사랑과 능력으로 고통의 멍에를 풀고 영혼의 자유를 허락하셨다. 오로지 하나님의 시간표와 계획 속에서 말이다. 현장에서 내가 만난 하나님은 그의 자녀와 함께하신다는 사실을 나타내 보이기를 기뻐하셨다. 믿음이 연약한 줄 아시고 부인할 수 없는 많은 증거로 살아 계심을 친히 보여 주셨다. 하나님의 능하신 손이 역사할 때 한 사람의 인생이 살아나고 회복되며, 치유의 역사도 일어난다. 한 사람에게서 시작된 생명의 불꽃이 가족을 살리고, 또 다른 이웃의 삶을 변화시킬 것이다. 다시 그들은 복음의 능력으로 지역과 나라를 아름답게 변화시켜나갈 것이다.

복음이 아니고는 고통에 멍든 현장을 살려낼 방법이 없다. 오직 예수 아니고 구원의 여망이 어디에 있는가. 복음 외에는 진리 없고, 전도보다 시급한 것은 없다. 이것이 내가 복음만을 강조하고 말할 수밖에 없는 이유이다.

인간을 가장 사랑하시는 하나님은 우리에게 최상의 것을 주셨다. 그것이 바로 복음이다. 복음은 인간을 향한 하나님 사랑 표현의 절정이다. 하나님은 이 보배를 믿는 자의 마음속에 담으셨다. 복음의 비밀을 아는 하나님의 자녀는 지상 최고의 신분과 가치를 지닌 자임이 분명하다. 이것이 예수 그리스도를 주인으로 영접한 당신을 대변하는 우선적 영적 가치관이 되어야 한다.

예수가 그리스도라는 영원한 진리 앞에 당신의 인생을 내어 맡겨라. 하나님이 주신 거룩한 비전으로 행복한 인생을 꿈꿔라. 머릿속에 지식으로 그리스도를 가두어두지 말고 그분이 나를 오롯이 다스리시도록, 삶 전체를 통해 예수가 그리스도 되시고, 그리스도가 그리스도 되시도록, 그리스도가 나의 주인으로 역사하시도록 그분께 나를 내어 드리자. 그러면 세상의 허허로운 것에 마음 뺏기지 않고 어린아이처럼 순전한 마음으로 오직 주만 따르는 제자의 길을 걷게 될 것이니.

The Greatest Gift in My Life

Salvation is found in no one else, for there is no other name under

heaven given to men by which we must be saved.*

Acts 4:12

2

오직 예수,
유일성으로 승부하라

"다른 이로써는 구원을 받을 수 없나니
천하 사람 중에 구원을 받을 만한
다른 이름을 우리에게 주신 일이 없음이라 하였더라" 행 4:12

CONTENTS

종교가 인간의 영적 어려움, 피할 수 없는 운명과 저주, 원죄문제를 해결하고
사탄의 세력을 꺾는 길은 되지 못한다. 오직 그리스도이신 예수님만이 이 문제를 해결하실
수 있다. 다시 말해 예수 그리스도 아니고는 이 문제를 해결할 수 없기에
복음의 유일성이 대두되는 것이다.

°한 작은 단어, '오직'이 몰고 온 개혁의 바람

'믿음만으로sola fide! 은혜만으로sola gratia! 성경만으로sola scriptura!'

비장함마저 숨겨져 있는 이 구호는 무엇을 말하는가? 바로 독일의 종
교개혁자 마르틴 루터가 부르짖은 사상의 핵심을 딱 꼬집어 전달하고
있다. 그것은 다름 아닌 철저히 복음 중심, 하나님 중심으로 돌아가자는
것이다. 개혁이란 말의 의미가 원래의 것을 회복하기 위해 현재의 것을
새롭게 고치자는 것일 테다. 그렇다면 신학자 루터는 당시 로마 가톨릭
교회가 놓쳐버리고 있던 그 무엇을 회복하기 원해 개혁의 깃발을 들었
을까.

사실 루터 스스로 종교 개혁의 엄청난 바람을 일으키려 시도했다기보
다는 하나님의 강력한 시대적 요청에 그가 쓰임 받았다는 사실이 더 중

요하다. 당시 루터의 사상은 기세등등하던 로마 가톨릭교회의 교권에 대한 강력한 도전이었다. 로마 가톨릭교회가 성경의 권위와 성령의 영감, 하나님의 은혜, 믿음의 중요성에 대해 완전히 묵과한 것은 아니었다. 그런데도 루터의 신학사상이 급진적 반향을 불러일으킨 이유는 그가 부르짖은 한 작은 단어, '오직sola' 때문이었다.

사실 루터는 로마 가톨릭교회의 저 밑바닥에 하나님 중심이 아닌 인간 중심의 종교성이 자리하고 있다는 사실을 이미 간파하고 있었다. 성경 위에 교황의 권위가 버젓이 자리하고, 은혜를 율법의 의를 쌓는데 도움을 주는 하나님의 능력으로, 신실한 믿음이 아닌 선행과 공로로 얻는 행위 믿음만을 그들은 강조하고 있었던 것이다.

루터는 그 사실을 그저 보고만 있을 수 없었다. 그는 하나님의 은혜란, 하나님이 오직 예수 그리스도를 믿는 믿음을 보시고 죄인을 의인으로 인정하시는 것으로 이해했다. 또한 오직 하나님의 약속을 믿는 믿음만이 단번에 모든 율법을 성취하여 인간을 의롭게 한다칭의고 말했다. 하나님의 말씀을 기록한 성경만이 신학과 교리의 최우선적 권위가 되어야 하며, 성경을 해석하는 교황의 권위는 절대적이지 않다는 사실을 밝혔다.

"성경에서 그리스도를 빼 보라. 그렇다면 과연 성경에서 무엇을 더 찾을 수 있단 말인가?"

루터는 신구약 성경을 통틀어 성경의 일관된 주제는 오직 예수 그리스도라고 설파했다. 복음이야말로 성경을 해석하는 표준이며, 예수 그리스도를 통한 믿음만이 구원을 얻는 오직 한 길이 된다는 '유일성'을 강하게 드러낸 것이다. 결국 천주교 세력은 복음의 유일성을 주장하는 루터를 정신병자, 미친 사람 취급하며 이단으로 기소했다. 그로 인해 1521년 1월 3일, 루터는 공식 파문되었다. 하지만 교황청의 추방 명령 이후 루터는 지방 제후의 도움으로 바르트부르크성에서 숨어 지내며 독일어판 신약성서를 펴내어 지속적으로 말씀운동을 전개했다.

루터와 함께 로마 가톨릭 교회와 맞서 복음의 유일성을 회복하고자 개혁을 시도한 전도자들의 행진은 계속되었다. 자신을 '하나님 말씀의 사역자'라고 주장한 요한 칼뱅은 그의 저서 〈기독교 강요〉의 기독론에서 그리스도의 삼중직인 왕, 선지자, 제사장을 언급했다. 더불어 말씀을 통한 예수 그리스도 증거, 초대교회의 말씀운동을 회복하자는 운동을 계속해서 전개해 나갔다.

18세기에 이르러 존 웨슬레는 올더스게이트 거리의 한 종교 모임에서 루터의 로마서 서문을 접하고 신앙생활에 일대 전환점을 맞게 되었다. 이후 '이 세상에 예수 그리스도를 모르는 단 한 사람이 남아 있더라도 나는 그 사람을 위해 땅 끝까지 달려갈 것'이라 선포하며 현장에 나가 순수한 복음운동을 전개했다. 그는 50년 동안 지구 열 바퀴 이상이나 되는 거리를 말을 타고 돌아다니며 복음을 전했다. 그의 선교 비전, '온 세계가 내

교구'라는 말 속에는 영혼 구원을 향한 불타는 전도자의 사명이 오롯이 담겨 있다. 그로 인해 수많은 사람이 회개하고 주께로 돌아오는 역사가 일어나 영국 부흥의 물결을 이루는데 크게 쓰임 받았다.

19세기에 이르러 복음의 바통은 전도자 드와이트 무디에게 넘겨졌다. 무디는 거의 종일 현장에서 복음을 전파했다. 그로 인해 일생 무려 백만 명 이상의 영혼이 주님께로 인도되었다. 미국 초창기 선교사 과반수가 무디 성경학교 출신이었다는 사실은 그의 영향력이 얼마나 컸는지를 잘 말해 준다. "설교에서 복음을 뺀 날은 설교가 틀린 날입니다."라고 말할 정도로 유일성의 복음을 강조했던 무디는 일생 하나님만 의지하는 삶을 살았다.

역사가 증명하듯, 하나님은 복음이 희미해지고 교권이 강해질 때마다 복음의 유일성을 깨달은 전도자를 세워 예수 그리스도의 복음을 회복하셨다. 그렇다면 지금은 어떤가? 교회사적으로 큰 신앙의 발자취를 남긴 이들의 유일성 복음에 관한 사랑과 열정은 21세기, 새로운 영적 위기에 직면한 오늘의 그리스도인에게 강력한 도전과 사명을 불러일으키고 있다. 그 이유는 안타깝게도 오늘날 현장에서 유일성의 개념이 무너지고 있기 때문이다. 꼭 예수를 믿어야만 구원받는 것은 아니라고 하는 다원론多元論 사상이 버젓이 신학교 교과목 중 하나로 자리 잡고 있다. 이는 그리스도 밖에도 구원이 있다는 말인데 참으로 통탄할 일이다.

게다가 통일교, 증산교, 천주교, 개신교, 불교 등 각 종교계에서 통합론統合論을 제기하고 있다. 이를테면 함께 가자는 것이다. 변화와 통합을 주장하는 시대적 흐름에 걸맞게 겉으론 참 그럴듯하고 매력 있게 보이는 말이다. 하지만 이는 연합聯合이 아닌 혼합混合이기에 큰 문제가 된다. 이 말을 종교가 틀렸다는 뜻으로 곡해해선 안 된다. 종교도 분명 필요하다. 하지만 단언컨대 종교가 인간의 영적 어려움, 피할 수 없는 운명과 저주, 원죄문제를 해결하고 사탄의 세력을 꺾는 길은 되지 못한다. 오직 그리스도이신 예수님만이 이 문제를 해결하실 수 있다. 다시 말해 예수 그리스도 아니고는 이 문제를 해결할 수 없기에 복음의 유일성이 대두하는 것이다.

이 땅에 계속해서 재앙이 일어나는 이유는 종교가 하나 되지 않았기 때문이 아니다. 하나님을 아는 지식, 영적 지식이 없기 때문이다. 그래서 인간을 재앙으로 몰고 가는 영적 존재인 사탄의 세력을 꺾는 길인 오직 예수만이 구원의 길이요, 예수만을 전파하라는 말은 결코 독선이 될 수 없다. 중병으로 고생하는 사람에게 이 약을 먹어야 낫는다고 말하는 것, 불속 아비규환의 현장에서 저 문으로 나가야 살 수 있다고 말해 주는 것이 어찌 독선이란 말인가.

그런데 더 가슴 아픈 현실은 복음 외에 다른 것을 강조하는 교회가 많다는 사실이다. 교회가 복음 외의 것에 관심을 두거나, 복음을 증거 하지 않으면 시간이 흐를수록 성도 개개인은 체질적으로 복음이 희미해지고 결국은 아예 사라져버리고 만다는 사실을 분명히 알아야 한다. 모든 교회는 '오직 복음'의 중심을 가지고 예수님께서 마지막으로 남기신 성령 충만의 힘으로 유일성의 축복을 회복해야 할 분명한 사명이 있다.

˚ 복음의 핵심, 예수 그리스도

전도자 바울은 복음의 깊이, 넓이, 높이는 도저히 측량할 수 없다고 고백했다. 요한 칼뱅은 복음의 비밀, 그것은 믿어지지만 설명할 수 없고, 이해는 되지만 표현할 수 없을 정도로 신묘불측神妙不測하다고 증언했다. 그만큼 복음의 가치와 능력은 인간의 힘으로는 일만 분의 일조차도 표현되지 않는 오묘함과 광대함을 지녔다. 하나님의 약속을 불신앙하여, 죄를 지어 사탄에게 사로잡혀 있는 인간을 완전히 해방시킨 하나님의 비밀 예수 그리스도, 이것이 바로 기쁨의 좋은 소식 곧 복음이다. 성경 곳곳에는 '복음의 핵심인 예수 그리스도'에 관해 끊임없이 예언하고 있다.

"내가 너로 여자와 원수가 되게 하고 네 후손도 여자의 후손과 원수가 되게 하리니 여자의 후손은 네 머리를 상하게 할 것이요 너는 그의 발꿈치를 상하게 할 것이니라 하시고"창3:15

*

여자의 후손으로 오실 메시아, 예수 그리스도께서 사탄의 머리를 깨뜨리시고 구원을 이룰 것이라는 말씀은 성경에 가장 먼저 나오는 복음이다. 이 말을 예사로 생각하고 중심에 담지 못하면 시대의 문제를 피하지 못하고 개인과 가정을 호시탐탐 노리는 어둠의 세력과 맞서 이길 수 없다.

하나님은 인간이 약속을 저버리고 사탄의 달콤한 유혹에 속아 죄를 저지른 바로 그 순간, 사랑과 능력으로 구원의 길을 내셨다. 때가 이르러 여자의 후손, 예수 그리스도를 보낼 것이니 이 약속을 늘 기억하고 후손 대대로 전달하라는 언약이었다. 하나님은 예수님이 아직 오시지 않은 구약 시대에는 이 언약을 심중에 새기고만 있어도 구원받도록 긍휼을 베푸셨다.

하지만 세월이 흐르는 동안 하나님의 택한 백성 이스라엘은 이 약속을 놓쳐버리고 말았다. 그래서 결국 강대국 애굽의 노예로 전락하게 되는 수모를 겪게 된다. 자, 하나님은 이를 잠잠히 보고만 계셨는가. 아니다. 그들의 우고와 부르짖음에 응답하셨다. 예배의 비밀을 알고 언약의 줄을 잡고 있는 레위 지파의 모세를 택해 흑암과 저주, 죄 문제에서 빠져나오는 길을 열어주셨다.

"그들이 네 말을 들으리니 너는 그들의 장로들과 함께 애굽 왕에게 이르기를 히브리 사람의 하나님 여호와께서 우리에게 임하셨은즉 우리가

우리 하나님 여호와께 제사를 드리려 하오니 사흘길쯤 광야로 가도록 허락하소서 하라"출 3:18

여호와께 제사를 드린다는 말이 무슨 뜻인가? 우리가 알다시피 레위 지파는 이스라엘의 열 두 지파 중 예배를 담당하는 지파다. 그렇다면 예배의 핵심이 무엇인가? 짐승을 잡아 그 피를 드려 죄를 속하는 것이다. 여기서 피는 바로 예수님이 십자가에서 흘리실 보혈을 의미한다. 어린양의 피를 문설주에 바르고 저주와 고통을 가져다주는 악한 애굽과 바로 왕 곧 원수 사탄의 손에서 빠져나오라는 것이요, 짐승을 잡아 드리는 피의 제사를 통해 자신의 죄를 깨끗이 하고 하나님 앞으로 나아오라는 말씀이다. 언약의 피를 바르라, 희생 제사를 드리라는 말은 이 정도로 굉장한 위력을 내포하고 있다. 사탄의 최후 전략을 이기는 길은 오직 복음뿐이다.

복음을 깨달았다는 말은 크게 세 가지 기도의 축복이 우리에게 와 있음을 말한다. 첫째, 하나님의 자녀가 기도하면 자신의 힘으로 어찌할 수 없었던 고통스런 모든 저주가 도망간다. 이것이 바로 제사장의 축복이다. 둘째, 하나님의 성령이 역사하신다. 이것이 바로 선지자의 축복이다. 셋째, 사탄의 세력이 무력화되고 꺾이는 일이 일어난다. 왕의 축복이다. 이를 한마디로 콕 집어 말하면 메시아, 그리스도, 복음이다.

당신이 거하는 모든 현장에서 순간순간 이 기도를 드려보라. 그것을 복

*

음 기도라고 한다. 놀라운 응답에 입을 다물지 못하는 일이 생길 것이다. 이스라엘 민족이 이 비밀 붙잡기를 하나님은 원하셨다. 하나님의 자녀이면서도 세상의 온갖 시름으로 고민하여 낙심하고 무기력하게 살아가는 우리에게 지금 예수 그리스도의 언약을 회복하라고 말씀하신다. 하나님의 약속을 믿음으로 붙잡기만 하면 회복의 문, 구원의 문이 활짝 열린다.

"그러므로 주께서 친히 징조를 너희에게 주실 것이라 보라 처녀가 잉태하여 아들을 낳을 것이요 그의 이름을 임마누엘이라 하리라" 사 7:14

또다시 언약을 놓쳐버리고 강대국의 포로가 된 이스라엘 백성에게 하나님은 이사야 선지자를 통해 언약을 재확인시키셨다. 죄가 없는 동정녀의 몸에서 성령으로 잉태될 예수, 그가 바로 그리스도로 오셔서 인간의 모든 문제를 해결하고 완전한 구원을 이룰 것이라는 약속의 말씀을 주신 것이다. 그리고 이 말씀은 하나님이 정하신 때, 예수 그리스도의 탄생을 통해 일점일획도 틀림없이 성취되었다.

"아들을 낳으리니 이름을 예수라 하라 이는 그가 자기 백성을 그들의 죄에서 구원할 자이심이라 하니라 이 모든 일이 된 것은 주께서 선지자로 하신 말씀을 이루려 하심이니 이르시되 보라 처녀가 잉태하여 아들을 낳을 것이요 그의 이름은 임마누엘이라 하리라 하셨으니 이를 번역한즉 하나님이 우리와 함께 계시다 함이라"마 1:21~23

신약에 와서 이스라엘 민족이 로마의 속국이 된 상황에서 성령의 충만함을 받은 베드로는 담대히 유일성의 근원 되신 예수님이 바로 그리스도라는 놀라운 고백을 하기에 이른다.

"시몬 베드로가 대답하여 이르되 주는 그리스도시요 살아 계신 하나님의 아들이시니이다"마 16:16

언약의 주인공인 예수님께서는 예언대로 십자가에 달려 돌아가신 후 부활, 승천하셨다. 지금 하나님 보좌 우편에 앉아 계시며 성령으로 24시간 우리와 함께하신다. 성경 66권을 펼쳐 보면 끊임없이 인간을 향한 하나님의 구원 방법인 예수 그리스도에 관해 예언하고 있음을 확인할 수 있다. 요한복음 20장 31절에서 우리는 하나님이 우리에게 성경을 주신 명확한 이유를 만나게 된다.

"오직 이것을 기록함은 너희로 예수께서 하나님의 아들 그리스도이심을 믿게 하려 함이요 또 너희로 믿고 그 이름을 힘입어 생명을 얻게 하려

함이니라"

단언하건대 복음의 유일성을 알고 이를 언약으로 붙잡은 모든 성도는 자신의 현장에서 하나님이 주시는 유일성의 응답을 받을 수 있다. 성경을 보라. 억울하게 팔려 노예 신세로 전락했지만 요셉은 불신자 보디발이 감동할 정도로 언약을 누리며 자신의 일에 최선을 다해 가정 살림 전체를 주관하는 총무가 되었다. 다윗은 양을 치는 목동의 자리에서 최고의 성실성과 믿음을 겸비하여 거인 골리앗을 한방에 무너뜨렸다. 이것이 바로 아무나 누릴 수 없는 유일성의 응답이다. 베드로가 쓰임 받은 이유를 보자. 그는 성령 충만을 힘입은 후 가는 곳마다 예수가 그리스도라는 고백을 하며 수많은 사람을 하나님께로 이끌어내었다. 바울이 응답받은 이유도 복음이 이스라엘뿐 아니라 전 세계에 증거 되어야 한다는 사실을 깨닫고 파송된 첫 번째 선교사이기 때문이다.

이 응답을 당신의 것으로 만들고 싶은가? 전혀 어렵지 않다. 복음의 비밀을 깊이 있게 누리면서 생각만 복음으로 바꾸면 된다. 혹 당신이 맡고 있는 일이 보잘것없다고 여기는가? 생각을 전환하라. 하나님이 복음의 비밀을 아는 당신과 함께하신다. 그러니 성실한 마음을 가진 채 기도만은 최고로 누리는 사람이 되라. 바로 그곳에서부터 응답은 시작된다.

유일성의 응답을 현장에서 누리는 좀 더 쉬운 방법이 있다. 당신이 교사의 직분을 맡고 있다면 갖가지 모양으로 고민하는 학생들에게 복음을 알아듣기 쉽게 잘 말해 주는 교사가 되겠다는 아주 작은 결심부터 시작하면 된다. 당신이 처해 있는 바로 그곳에서 당신이 하는 일을 가지고 복음을 가장 잘 설명하면 된다. 이것이 바로 복음 가진 당신을 통해 이루어지는 '유일성 전도'이다. 광장에서 낯선 이들을 상대로 전도지를 돌리는 것도 괜찮은 방법이지만, 어떤 면에서는 유일성 전도가 더욱 효과적이다. 바로 자신이 있는 그곳에서 자신이 하는 일을 통해 복음이 전해지기 때문이다. 로마서 16장에 기록된 평신도들이 유일성 전도의 대표적 모델이다. 그들은 각자의 자리에서 나름대로 복음을 전하는 훌륭한 전도 방법을 찾아냈다. 뵈뵈는 보호자, 브리스가 부부는 동역자, 가이오는 식주인, 마리아는 수고하는 자……, 어떤가! 그렇다면 당신도 이 특별한 응답의 주인공이 될 수 있지 않겠는가. 복음의 비밀에 매료되어 빛나는 인생을 살다간 다윗처럼.

° 유일성의 응답 받은 왕, 다윗

하나님의 은혜를 받으면 세상을 이길 수 있고, 하나님의 능력 속에 거하면 탁월한 지혜가 생긴다. 반대로 하나님의 은혜를 받지 못하면 적당히 신앙생활을 하다가 세상과 타협하게 된다. 그러다 결국 자신이 생각한 대로만 믿게 되고, 의심의 뿌리가 내려지고, 불신앙에 사로잡혀 넘어지게 된다. 그런 의미에서 성경의 두 인물이 우리에게 시사하는 바는 아주 크다.

이스라엘의 초대왕 사울 역시 한때는 은혜 받았던 사람이다. 그 이름의 의미도 '간구한다'라는 뜻이 있다. 베냐민 지파의 사람이었고, 사무엘상 9장에 보면 나귀를 찾으러 나갔다가 사무엘을 만나 기름부음을 받고 하나님의 합당히 여기심을 받아 왕이 된 사람이다. 또한 그는 모든 대적을 능히 이길 정도로 실력 있는 왕이었다. 그런 사울이 하나님을 향한 사랑과 믿음이 떨어지자 너무나 비겁한 겁쟁이로 변하고 말았다. 이스라엘이 총체적 난관에 부딪히게 된 결정적 사건, 블레셋과의 전쟁 앞에서였다. 무려 40일간이나 하나님을 모욕하는 블레셋의 거인 골리앗에 대적할 만한 힘과 지혜가 그에겐 남아 있지 않았다. 당시 유명한 제사장 사무엘이 있었지만, 하나님을 섬기는 이스라엘 민족 가운데 믿음의 군인은 찾아보기 어려웠다.

이때 등장한 인물이 바로 다윗이었다. 다윗은 어느 순간 갑자기 출현한 인물이 아니었다. 그의 가슴에는 하나님에 대한 믿음과 메시아의 언약이 고동치고 있었다. 게다가 자신의 일터에서 사나운 맹수에게 양 한 마리 빼앗기지 않을 정도로 막강한 실력을 갖추고 있던 목동 중 목동이었다. 아버지의 심부름으로 전쟁터에 나간 형들을 만나러 간 자리에서 그는 두 주먹이 불끈 쥐어지는 광경을 보고 말았다. 블레셋의 장수 골리앗이 겁도 없이 하나님을 모독하는 것이 아닌가. 이때 다윗의 마음속에 폭풍 같은 울분이 일어났다. 평상시에 늘 하나님의 뜻을 따라 살던 다윗에겐 지극히 당연한 반응이었다.

자! 오늘날 우리도 마찬가지다. 에스겔 선지자가 영안을 뜨고 보니 마치 이스라엘 민족이 뼈다귀로 보였던 것 같이, 하나님 떠나 고통 속에 있는 불신 세계를 볼 때 우리 마음속에 큰 울분이 일어나야 한다. 다윗처럼 하나님을 조롱하는 블레셋 군인을 보고 가슴에 불이 타야 한다. 불신 세계를 쳐다볼 때 오히려 세상이 부러워지고, 신앙은 아무렇지도 않게 느껴지는가. 그건 세상에 지고 있다는 증거다. 위기의 순간, 다윗은 어떤 행동을 취했는가. 왕과 천부장도 감히 나서지 못하고 있는 상황에서 자원해서 골리앗과 싸우러 가겠다고 일어섰다. 형들은 그의 행동을 교만하다며 책망하고 꾸짖었지만, 이유 있는 싸움을 한 다윗은 승리를 쟁취하고야 말았다.

과연 다윗이 유일성의 응답을 받은 결정적 이유는 무엇이었을까?

첫째, 다윗은 유일하신 하나님의 능력을 알고 믿음으로 도전했다. "다윗이 블레셋 사람에게 이르되 너는 칼과 창과 단창으로 내게 나아 오거니와 나는 만군의 여호와의 이름 곧 네가 모욕하는 이스라엘 군대의 하나님의 이름으로 네게 나아가노라"삼상 17:45 이것이 다윗이 가진 믿음이었다. 다윗은 인간의 생명이 전능자 여호와의 손에 있음을 확실히 알았다. 하나님의 능력을 믿었기에 양을 치면서도 찬송과 기도를 쉬지 않았던 그였다. 다윗은 모든 나라와 열방 가운데 하나님의 살아 계심을 증거하겠다는 절대적 이유를 가지고 삶을 이어나갔던 것이다.

우리 역시 마찬가지다. 가는 곳마다 하나님의 살아 계심을 증거하는 것, 이것이 삶의 목적이 되어야 한다. 하나님을 향한 다윗의 믿음은 장인 사울의 손에 도망 다니며 죽을 고비를 넘길 때도 흔들리지 않았다. 인간적 욕망을 뛰어넘지 못하고 큰 범죄를 저질러 실패의 자리로 추락했을 때, 그는 침상을 적시며 자신의 죄를 철저히 회개했다. 말년에 아들의 반역으로 도망 다니는 어처구니없는 상황에 놓였을 때도 하나님이 지키실 것이라는 변함없는 믿음을 고백했다. 하나님의 능력을 알면 어떤 환경에서도 승리하게 된다.

둘째, 다윗은 하나님의 큰 계획을 알았다. 골리앗과의 싸움에서 단순히 돌을 던져서 승리했다고 생각하기 쉽지만 그렇게 간단한 문제가 아니었다. 다윗은 칼싸움이나 마차 싸움으로는 이길 수 없다는 것을 재빨리 간파했다. 그래서 자신의 주특기인 돌 던지기를 선택했다. 그리고 그 전략은 적중했다. 골리앗은 다윗이 던진 물맷돌 한 방에 고꾸라졌다.

이 역사적 사건은 결코 우연히 일어난 일이 아니었다. 시편 78편 70~72절에서 우리는 다윗을 향한 하나님의 열심을 엿보게 된다. 하나님은 아무엇도 모르고 양 우리에서 양을 치고 있을 때부터 다윗을 이스라엘의 임금으로 부르셨다. 그러한 하나님의 부르심에 다윗은 어떻게 화답했는가. 철저히 영적 규모를 갖추고 사자와 곰의 공격에도 양 한 마리 잃어버리지 않을 정도로 전문성과 성실성을 준비했다. 이것이 훗날 하나님께 영광 돌릴 유일성의 응답으로 나타난 것이다.

아무리 보잘것없는 기술이라도 하나님의 손에 쓰임 받으면 세계를 변화시킬 수 있다. 모세의 마른 지팡이가 하나님의 손에 쓰이는 순간, 큰 능력으로 나타났다. 소년이 드린 오병이어가 예수님의 손에 들려지자 남자 오천 명을 먹이고도 열두 바구니가 남을 정도였다. 우리가 가진 것이 무엇인가 하는 것보다, 그것을 하나님 앞에 가지고 나아가는 것이 더욱 중요하다.

셋째, 다윗은 하나님의 언약 속에 거했다. 어린 소년이 거인 장수 골리앗 앞에 선다는 것은 생사가 걸린 문제였다. 그런 현장에 있는 다윗을 보고 하나님이 가만계실 리 있겠는가. 다윗은 그 현장에서 죽으면 안 되는 언약의 사람이었다. 마태복음 1장 1절을 보면 "아브라함과 다윗의 자손 예수 그리스도의 계보라"고 말씀하고 있다. 맹인 바디매오는 "예수님!"이라 부르지 않고, "다윗의 자손이여 나를 불쌍히 여기소서"막 10:48라는 놀라운 말을 했다. 다윗의 후손을 통해 메시아가 올 것이기에 다윗은 결코 골리앗 앞에서 죽을 수 없는 인물이었다.

하나님은 가장 고귀한 영혼 구원 사역을 복음 가진 자를 통해 하신다. 이것이 하나님의 방법이다. 그래서 우리는 복음 전하는 교회, 복음으로 충만한 교회로 인도받으려 필사적으로 기도한다. 배우자 선택에서도 이것보다 중요한 기준은 없다. 가치 있는 사업을 하려면 복음 전파의 사명이 있어야 하고, 학업과 건강이 가치 있으려면 반드시 복음과 관계있어야 한다. 하나님은 '복음' 하나에 모든 목적을 맞추셨다. 복음 충만한 소년 다윗은 백만 대군이나 왕, 천부장보다 더 큰 일을 해낸 것이다.

다윗의 인생이 유일성의 응답으로 점철된 이유를 살펴보면 한 가지 비밀이 더 있음을 알 수 있다. 그것은 그가 매사에 하나님의 은혜와 능력 받는 것을 최우선으로 삼았다는 것이다. 다윗을 다윗 되게 만든 비밀은 바로 영적인 힘이었다. 그는 늘 새벽에 일어나 기도하고 찬송했다. 역대상 25장을 보면 수천 명으로 구성된 찬양대를 두어 하나님을 찬양할 정도로 은혜 받은 자였음을 엿볼 수 있다. 사도행전 2장 25절에는 선지자 노릇을 할 정도로 하나님과 통하는 자였고, 사무엘하 23장 1절에는 다윗을 일컬어 '이스라엘의 노래 잘하는 자'라고 소개하고 있다. 뿐만 아니라 마태복음 22장 43절에는 예수님께서 친히 '성령의 감동을 받은 자'라고 말씀하셨다.

복음의 유일성을 아는 자에게 하나님은 특별한 선물을 예비하셨다. 세상이 따라올 수 없는 '지혜'가 그것이다. 하나님의 은혜를 받으면 강건한 지혜를 받게 되고, 한 시대를 움직이는 응답을 받게 된다. 아무도 따라올 수 없는 유일성의 응답, 그 속에 거하게 되는 것이다. 하나님은 늘 기도하고 은혜로운 삶을 영위한 다윗에게 시대 살릴 지혜를 주셨다.

하나님은 지금도 다윗처럼 큰 믿음 가진 자를 찾고 계신다. 그런데도 우리는 종종 핑계 대기 일쑤다. "에이, 목사님, 그래도 세상을 살아가려면 믿음만 가지고는……."이라고 불신앙을 내뱉는다. 그것이 그 사람이 가진 믿음의 분량이다. 믿음이 크고 넓을수록 그만큼 응답도 받게 된다. 하나님이 중히 여기시는 것이 무엇인지 안다면 굳이 인본주의를 쓰거나 잔머리를 굴릴 필요가 없다. 하나님이 그를 능력의 장중에 붙들고 인생을 책임지실 것을 알기에. 잊지 마라. 하나님은 주를 바라보는 자에게 끊임없이 지혜를 쏟아 부어 주신다. 믿어지지 않는다면, 다윗을 보라. 그리고 성경 66권 속에 나타난 믿음의 인물들을 보라. 하나님의 능력을 믿는 자는 어리석게 보여도 살게 되고, 믿지 않는 자는 똑똑해 보여도 결국 실패하고 망한다는 것이 결론이다. 하나님이 주시는 지혜는 세상의 것과 결코 견줄 수 없다.

° 유일성의 신분과 수준을 가지고

오늘날 많은 사람이 적극적인 사고방식과 열심을 가지고 나름대로 치열한 인생을 살고 있다. 새벽부터 늦은 밤까지 다른 사람보다 몇 배로 뛰며 최선을 다하는 삶을 산다. 하지만 그렇게 해서 성공을 이룬다 해도 그것은 C급 성공이다.

그것보다 한 단계 수준 높은 성공이 사명을 가지고 뛰는 것이다. 사명 있는 사람이 무조건 열심히 뛰는 사람을 이긴다. 우리나라에서 큰 성공을 이룬 모 기업의 회장은 얼마나 사명을 갖고 뛰었던지 폐질환을 앓고 있는 것도 모르고, 또 그 병이 나은 줄도 모를 정도로 일에 매진했다고 한다. 그러니 한국 경제를 살리는 일등 주역이 된 것이다.

또 다른 모 그룹의 회장은 일본 출장을 자주 가는데 차를 타고 가다가 새로운 건물이 보이면 항상 어떤 건물인지 비서들에게 물어보았다고 한다. 그때마다 비서들은 당혹감을 감추지 못했는데, 그런 일이 잦아지자 다음에는 며칠 밤을 새워서라도 새로 생긴 건물을 조사해 놓고 회장님이 물어보면 즉시 대답했다고 한다. 일본에서 살아남는 기업이 되려면 일본을 똑바로 알아야 한다는 회장의 의중을 뒤늦게야 깨닫게 된 것이다. 이것이 바로 B급 성공을 이루는 사명이다.

그런데 그보다 한 차원 높은 사명이 있는데 그것이 바로 유일성을 보는 A급 성공이다. 앞서 보았듯 예수 그리스도의 비밀을 선포한 베드로는 이미 유일성의 복음에 관한 눈이 열렸음을 알 수 있다. 예수님이 승천하시고 초대교회 마가 다락방에 성령의 충만한 은혜가 임한 후, 가장 먼저 일어난 응답이 성전 미문의 앉은뱅이가 일어난 사건이었다. 그 일로 인해 베드로는 법정에 서게 되었는데, 무슨 권세와 누구의 이름으로 이 일을 행했느냐는 질문에 담대히 예수 그리스도의 유일성을 선포했다.

"너희와 모든 이스라엘 백성들은 알라 너희가 십자가에 못 박고 하나님이 죽은 자 가운데서 살리신 나사렛 예수 그리스도의 이름으로 이 사람이 건강하게 되어 너희 앞에 섰느니라 이 예수는 너희 건축자들의 버린 돌로서 집 모퉁이의 머릿돌이 되었느니라 다른 이로써는 구원을 받을 수 없나니 천하 사람 중에 구원을 받을 만한 다른 이름을 우리에게 주신 일이 없음이라 하였더라"행 4:10~12

이것이 우리가 가장 먼저 붙잡아야 할 응답과 축복이다. 내 삶을 복음 중심으로 세우고, 오직 하나님의 영광을 위해 가치 있는 성공을 이루어 내야 한다. 하나님은 이런 자에게 숨겨져 있는 미래 경제와 전도, 선교를 위해 예비해 놓은 숨은 경제, 후대를 통해 회복될 경제, 하나님과 자신만 아는 특별 이면 경제의 축복을 보게 하실 것이다. 유일성을 알고 누리면 성경에 있는 모든 말씀이 자신의 삶을 통해 완전히 회복되는 증거를 맛보게 된다. 이때부터 예배도 살아나고, 가정, 직장, 모든 인간관계도 살아나기 시작한다.

전도를 한창 하던 시절, 가장 어려운 부분이 경제적인 것이었다. 돈이 있어야 책도 사볼 텐데 돈이 없으니 곤란한 부분이 한두 가지가 아니었다. 그래서 하나님 앞에 엎드려 간절히 기도했다. 그런데 하나님은 돈을 주려 하시는 것이 아니라 현장에서 전도하길 원하신다는 사실을 깨달았다. 또 한 번은 유학을 가려는 계획을 가지고 오랫동안 기도하고 준비했는데 물질로 후원해 줄 사람을 찾지 못해 결국 포기해야만 했던 적이 있었다. 신앙생활을 하면서 응답받지 못했던 두 가지가 바로 경제와 유학에 관한 부분이었다. 하지만 응답의 문이 막힐 때마다 현장에 들어가서 전도한 것이 내 인생을 바꾼 최고의 응답이 되었다. 이는 나 자신에 대한 정체성을 확실히 깨닫게 되는 계기도 만들어 주었다. 내가 누구인지, 무엇을 위해 살아야 하는지에 관한 답이 명료할수록 많은 문제와 좋은 응답 속에서도 흔들리지 않고 해답을 발견하고 믿음을 키워나갈 수 있었다. 성경의 요셉처럼 처음부터 자신의 정체성을 깨달은 사람이 있는 반면, 숱한 고난과 연단을 통해 정체성을 깨달은 아브라함, 모세, 바울과 같은 사람도 있다. 자신이 누구인지, 어떤 신분과 권세를 가진 사람인지를 복음 안에서 올바로 깨달을 때 모든 문제는 답이 된다.

그렇다면 우리의 참된 정체성은 무엇이 되어야 하는가? 유일성의 신분을 가진 전도자, 이것이 우리의 정체성이다. 교회에 가면 교회 살릴 직분자요, 가정에서는 가정과 가문을 살릴 전도자라는 사실을 확고히 하고 그에 맞는 수준을 갖추면 된다.

혹 당신은 자신의 수준이 타인에 비해 부족하다고 생각하는가? 그렇다면 스스로 그 사실을 인정하고 계속해서 갱신을 거듭해 나가는 노력을 기울여라. 늘 하나님께 감사하면서 마음만은 겸손하고 낮은 곳에 두어라. 생각은 아주 냉철하고, 가슴은 열정으로 뜨거워야 한다. 삶은 아주 적절하게, 시간표에 맞춰 살아가야 한다. 말도 아름답게, 태도는 겸손하게, 오직 하나님께 영광 돌리려는 중심을 가지고 다른 사람을 살리는 사람이 되도록 기도하고 행동하라.

"십자가의 도가 멸망하는 자들에게는 미련한 것이요 구원을 받는 우리에게는 하나님의 능력이라 기록된 바 내가 지혜 있는 자들의 지혜를 멸하고 총명한 자들의 총명을 폐하리라 하였으니 지혜 있는 자가 어디 있느냐 선비가 어디 있느냐 이 세대에 변론가가 어디 있느냐 하나님께서 이 세상의 지혜를 미련하게 하신 것이 아니냐 하나님의 지혜에 있어서는 이 세상이 자기 지혜로 하나님을 알지 못하므로 하나님께서 전도의 미련한 것으로 믿는 자들을 구원하시기를 기뻐하셨도다"고전 1:18~21

하나님이 낮고 낮은 나, 가진 것 없는 나를 부르신 이유는 내가 가진 것을 가지고 복음을 전하려는 것이 아니라는 증거이다. 또한 구원의 능력이 사람의 손에 있지 않고 하나님의 손에 있음을 증거 하는 것이다. 이는 낮기 때문에 쓰임 받고, 부하기 때문에 쓰임 받지 못한다는 말이 아니다. 복음운동이 사람의 수준 고하에 따라 영향을 받는 것이 아니라 하나님의 손에 있음을 말하는 것이다. 그렇다고 볼 때 늘 최고의 수준과 헌신으로 결단하고 매일 갱신해야 할 분명한 이유가 우리에게 있다. 그러면 구체적으로 어떤 것부터 점검해 보면 좋겠는가?

° 하나님 자녀의 신분, 권세, 확신

전도하는 중에, 배 삯에 음식 값이 포함되어 있다는 사실을 까마득히 모른 채 쫄쫄 굶으며 고통의 항해를 계속한 어리석은 어떤 이와 같은 삶을 살고 있는 성도를 수없이 만나보았다. 구원받은 하나님의 자녀에게 얼마나 큰 축복이 주어졌는지 모른다면 당신도 그럴 수 있다.

자, 그럼 우리가 받은 축복이 얼마나 놀라운지 크게 신분과 권세로 나누어 점검해 보도록 하자.

첫째, 당신은 하나님의 자녀라는 놀라운 신분의 축복을 누리고 있는가?

하나님의 영이신 성령께서는 하나님 자녀의 마음속에 영원토록 거하신다. 그러니 우리가 가는 곳마다 생명의 빛이 비춰게 되고 어둠의 세력은 도망간다. 하나님께서 친히 우리를 택하여 왕 같은 제사장으로, 거룩한 나라로, 하나님의 소유 된 백성으로 부르셨음이 베드로전서 2장 9절

우리의 참된 정체성은 무엇이 되어야 하는가?
유일성의 신분을 가진 전도자, 이것이 우리의 정체성이다.

*

02 오직 예수, 유일성으로 승부하라

에 기록되어 있다. 이로 인해 우리에게는, 어두운 데서 불러내어 하나님의 생명의 빛 가운데로 들어가게 하신 하나님의 놀라운 축복을 전할 이유가 있는 것이다. 성령님께서는 구원받은 하나님의 자녀를 항상 인도하신다. 그렇기에 우리는 하나님의 말씀을 듣고 그 속에서 하나님의 계획을 발견하며 성령의 인도를 받으려 하는 것이다. 또한 이 세상을 살아가려면 하나님이 주시는 힘이 필요하다. 우리가 가는 곳마다 하나님께서 성령으로 역사하시도록 기도하면 자신의 연약한 한계를 뛰어넘는 초월적인 힘과 지혜를 누리게 된다. 이 약속의 말씀을 붙잡기만 하면 가는 곳마다 하늘 보좌의 문이 열리고 하나님의 나라가 임하는 축복을 맛보게 된다.

둘째, 권세의 축복을 만끽하고 있는가?

우리가 가기도 전에 하나님께서는 주의 천군, 천사를 앞서 보내어 우리를 도우신다. 눈에 보이지 않지만 이 사실을 믿으면 어디서든 기도하게 될 것이다. 성도를 속이고 넘어뜨리는 사탄의 세력을 예수 그리스도의 이름으로 꺾을 권능 또한 주셨다. 아무리 강력한 흑암 세력이라 해도 생명의 빛 되신 예수 그리스도, 하나님의 성령이 함께하는 성도를 절대 이길 수 없다. 예수 그리스도의 이름으로 무엇이든 기도하면 응답받는 축복까지 받았다. 하나님의 자녀는 죽음 이후에도 천국이 보장되어 있음은 물론 이 땅에 사는 동안에도 하나님의 나라를 누릴 수 있다. 이 비밀을 알고 전하는 자에게 하나님은 전 세계 현장에 예비 된 주의 제자를 붙여주실 것이다.

　하늘로부터 오는 영적인 힘만 공급받으면 자신이 힘을 얻고 세상까지 살릴 수 있다. 하지만 영적인 힘을 잃어버리면 삶은 갈수록 어려워지고 결국 힘없이 무너지고 만다. 마치 연료가 떨어진 자동차처럼 말이다. 성도가 수시로 자신의 영적 상태를 점검하는 것은 필수 사항이다.

　당신의 영적 현주소는 어디인가? 거친 세상이 아닌, '예수 그리스도 안'이다. 이 사실을 어느 정도로 깊이 확신하고 있는지가 당신에게 아주 중요하다. 이런 사람은 집을 떠나 방황하는 사람처럼 두렵거나 불안한 생을 살지 않는다. 예수님 안에 거한다는 사실이 그를 늘 싱글거리게 만들고, 어디서건 든든하고, 안전하다는 느낌 속에 거하게 만든다. 이런 사람은 하나님으로부터 무한 연료를 평생 보장받고 인생을 달리는 것과 같다. 예수 그리스도와 함께하기에 높은 산과 거친 들, 사막이나 깊은 바다도 문제 되지 않는다.

　이쯤 해서 당신은 다음의 다섯 가지 확신 속에 거하고 있는지 스스로 점검하고 확인해 볼 필요가 있다.

　먼저, 나는 누가 뭐래도 구원받은 하나님의 자녀다, 라는 확신이 있어야 한다. 조금 부족해 보여도, 매일 낙심하고 하나님의 약속을 불신앙 하는 연약한 믿음을 가지고 있을지라도 당신이 하나님의 자녀라는 사실만큼은 절대 변하지 않는다. 당신은 더 이상 세상 풍습에 매여 죄의 종노릇

하며 고통과 번민으로 일생을 살 이유가 없어졌다. 하나님의 아들 예수 그리스도께서 당신에게 영원한 구원을 주셨기 때문이다. 완전한 해방과 자유를 보장받은 신분임을 잊지 말라.

그런 하나님의 자녀이기에, 하나님은 무엇이든지 원하는 대로 구하라고 하셨다. 무엇이든 하실 수 있고, 무엇이든 주실 수 있는 분께서 관심 가득한 눈길로, 원하는 것이 무엇이냐고 질문하신다. 기도하지 않아서 그렇지 믿음으로 기도하기만 하면 누구라도 응답받을 수 있다. 하나님이 우리와 함께하시며 우리의 기도에 귀 기울이신다는 사실을 확신하고 믿음으로 구하라.

그리고 가문, 배경, 지식에 상관없이 하나님의 자녀는 어떤 상황에서건 승리한다는 확신 속에 거해야 한다. 당신을 억누르고 있는 문제 앞에서 포기하고 싶은 마음이 드는가? 다른 사람이 알지 못하는 극심한 고통이 당신을 기도할 수 없게 만드는가? 복음의 비밀을 알지만 자꾸만 넘어지는 한계 상황이 당신을 의기소침하게 하는가? 거기에 하나님의 놀라운 계획과 우리가 알지 못하는 그분만의 신비로운 생각이 숨겨져 있음을 알라. 하나님은 결코 감당치 못할 시험을 우리에게 주시지 않는다. 하나님의 자녀는 재앙, 사탄의 권세 아래 있을 자격이 없어졌다. 복음의 비밀을 아는 우리는 영원한 멸망, 실패와 더 이상 만날 수 없다. 당신은 궁극적으로 승리한 하나님의 자녀임을 확신해야 한다.

또한 구원받은 우리는 천 번 넘어져도 천 번 용서하시는 하나님의 은혜 속에 거하게 되었다. 왜 그런가? 예수 그리스도께서 우리의 모든 죄를 대신 지셨기 때문이다. 우리는 마치 특별한 날에 대통령의 조치로 죄를 용서받은 특별사면 자들과도 같다. 예수님을 믿기만 하면 우리의 모든 죄는 낱낱이 용서받는다. 원죄는 물론이고, 지금이나 미래에 지을 죄까지도 자복하고 회개하기만 하면 주님께서 모두 용서하신다. 그러니 죄의 굴레에 묶여 끌려다닐 이유가 전혀 없다. 사죄의 확신 속에 거하라.

마지막으로 나와 영원히 함께하시는 하나님께서 전 생을 세밀하게 인도하신다는 사실을 확신하라. 하나님이 인도하시는 것만큼 든든하고 행복한 인생, 만족한 삶은 없을 것이다. 하나님은 우리의 신음조차 듣고 응답하시며, 내가 기도한 것 이상으로 응답하는 분이시다. 이 확신을 가지고 세상 속에서 당당하게 유일성의 신분과 수준을 누리는 자가 되는 것, 이것이 당신을 향한 하나님의 최고 소원이다.

지금부터 복음 때문에 최고를 향해 달려가라. 속사람도 최고요, 겉모습도 최고의 수준에 맞게 아름답게 가꾸어라. 교회에서는 후대를 키우고, 주의 종을 섬기는 일에 있어서는 최고의 헌신을 하라. 이것이 유일성을 가진 초대교회 성도들이 누린 절대 실패할 수 없는 비밀이었다.

하나님이 가장 원하시는 것을 찾아내라. 만약 내 생각과 주장, 체질, 사상, 배경, 신학이 하나님의 일을 막고 있다면 그것부터 갱신해 나가야 한다. 유일성의 비밀을 소유하고 있기 때문에 인간관계에서도 영적인 비밀을 가진 자답게 용서하고 이해하는 그릇을 준비해야 한다. 많은 사람이 우리를 볼 때 그리스도의 일꾼이요, 하나님의 비밀을 맡은 자로 여겨질 정도가 되어야 한다. 이는 의도하지 않았지만 저절로 풍겨 나오는 향기와도 같다. 왜 이렇게 살아야 하는가? 우리를 통해 그리스도를 발견하고 그리스도가 증거 되면 된다. 이것이 유일한 인생의 해답을 발견한 자의 유일한 삶의 목표요, 이유이다.

˚당당하게, 멋지게, 복음을 누리며

전도사 시절, 섬 전도를 간 적이 있었는데 팀원 중 한 명이 갑자기 발작을 일으켰다. 한 번도 그런 적 없던 청년이었기에 모두 적잖이 놀랐다. 청년은 발작하면서 소리를 지르는 등 기이한 행동을 보였다. 우리는 예수 그리스도의 이름을 선포하며 청년을 위해 간절한 맘으로 기도했다. 그리고 얼마나 지났을까. 청년은 언제 그랬냐는 듯 예전 상태로 돌아왔다. 그때야 옆에서 안절부절못하며 지켜보고 있던 팀원이 한마디 했다. "전도사님, 성경 말씀이 진짜가 맞긴 맞네요." 그 말이 무슨 뜻인가? 그만큼 현장에서 예수 그리스도의 비밀과 말씀을 체험하지 못하고 있다는 증거이다.

전도 현장에서 만나 본 성도 중에는 예수는 들어봤어도 그리스도는 무슨 뜻인지 잘 모르겠다며 고개를 갸웃거리는 이들을 뜻밖에 많이 만났다. 예수만 믿으면 되지, 왜 자꾸 그리스도를 강조하느냐고 되묻는 이들도 있었다. 불신자들이 그런 소리를 하면 이해가 되지만 성도 중에 그런 말을 하는 사람이 많다는 사실이 내 가슴을 철렁하게 한다.

왜 그런가? 교회는 다니지만 실제로 유일성의 복음을 체험하지 못했기 때문이다. 맛을 본 자가 맛을 안다고 복음의 맛을 본 자는 복음이 생명 그 자체이기에 자신이 살아나고, 당장 예배가 회복되고, 하나님의 말씀이 사무치게 갈급해진다. 하나님의 은혜를 사모하여 기도의 무릎을 꿇는 시간이 점점 늘어간다. 하나님이 주시는 힘으로 누구라도 붙잡고 자신이 맛본 구원의 감격과 살아 계신 예수 그리스도에 관한 증거를 말하지 않을 수 없다. 날마다 복음을 누리기에 마음이 뜨겁고, 평안하고, 행복한데 그렇지 못한 사람들을 보면 어떻게 이 좋은 복음을 전하지 않을 수 있단 말인가. 전도는 그야말로 하나님이 부여하신 사명 곧 천명天命임을 깨닫게 된다.

그리스도가 아니면 죄를 지어 하나님을 떠나 사탄에게 잡혀 있는 상태, 곧 원죄 문제를 해결할 수 없다. 그리스도 외에 다른 것으로는 인생 문제를 절대 해결할 수 없다. 인간을 사로잡고 있는 운명에서 빠져나오는 유일한 길은 오직 예수 그리스도 한 분뿐이다.

*

예수 생명 없는 주위의 사람들을 보라. 문제가 없을 때는 별 탈 없이, 행복하게 살아가는 듯 보인다. 하지만 문제만 생기면 우상에 매달리고 점을 보고 굿을 하고 미신을 섬기지 않는가? 그것으로는 결코 계속되는 영적 어려움을 해결할 수 없다. 인생 문제의 유일한 비상구는 오직 예수 그리스도밖에 없다. 예수 그리스도는 하나님이 인간에게 주신 최고의 축복이요, 선물이다.

복음 안에 있으면 도저히 해결 불가능한 상황인데도 하나님의 응답을 체험하게 된다. 전혀 배경이 없는데도 하나님이 배경 되시며, 위기가 와서 죽을 줄 알았는데도 기적이 일어나는 응답을 맛보게 된다. 이것이 바로 유일성의 응답이다. 유일성의 응답 가진 자 한 사람만 있으면 그 주변과 전체가 살아난다. 하나님이 지금 당신과 함께 계신다. 당신에게 힘을 주시고 능력으로 역사 하겠다고 약속하셨다.

이제 당신은 예수라는 만능열쇠를 문제라는 구멍에 밀어 넣어 축복의 문을 열고 하나님이 예비하신 응답을 누리기만 하면 된다. 언제까지 열쇠를 손에 쥔 채 안절부절못하며 인생의 문제 앞에서 두려움에 젖어 살 텐가. 하나님이 주시는 힘으로 승리의 기쁨을 맛보며 당당하게, 멋지게, 복음을 누리며 살아가자. 이것이 당신의 진짜 모습이다.

Simon Peter answered,
"You are the Christ,
the Son of the living God."
(Matthew 16:16)

인생 문제의 유일한 비상구는 오직 **예수 그리스도**밖에 없다.

The Greatest Gift in My Life

Greet Priscilla and Aquila, my fellow workers in Christ Jesus.

They risked their lives for me.

Not only I but all the churches of the Gentiles are grateful to them.

Romans 16:3-4

3

빛나는 인생,
복음적 동기 위에서

"너희는 그리스도 예수 안에서 나의 동역자들인 브리스가와 아굴라에게 문안하라

그들은 내 목숨을 위하여 자기들의 목까지도 내놓았나니 나뿐 아니라

이방인의 모든 교회도 그들에게 감사하느니라" 롬 16:3~4

CONTENTS

우리의 동기는 오로지 복음 전파여야 한다. 그래서 전도를 하다가도
경쟁심이 끓어오르면 차라리 양보하는 편이 낫다. 하나님의 일은 세상일과 다르다.
주의 일은 동기 없이 복음으로 하면 어떤 상황에서도 되게 되어 있다.

° 선명한 비전이 삶에 동기를 부여한다

'바다 위의 도시', '떠다니는 궁전'이라 불리던 46,000톤급 호화 유람선 타이타닉호. 1912년 4월 10일, 영국 사우샘프턴에서 출발하여 미국으로 향해가던 타이타닉호는 출항한 지 4일 만에 빙산과 충돌하여 침몰하고 만다. 이로 인해 탑승한 승객과 선원 2,200여 명 가운데 1,500여 명이 죽고 단지 700여 명만이 극적으로 구조되었다. 이 사건은 1997년 '타이타닉'이라는 영화로도 제작되어 공전의 히트를 기록하며 전 세계인에게 감동을 선사했다.

가장 감동을 자아내는 장면으로 사람들은 침몰해가는 아비규환의 현장 속에서 묵묵히 악기를 연주하던 연주자들을 떠올린다. 영화는 여러 군데 각색되기도 했지만 영화에 등장하는 악단의 단장 '웰레스 하틀리'만

은 실재인물이다. 그는 복음을 전하기 위해 자원해서 타이타닉호에 승선했다고 한다. 거대한 죽음의 파도가 갑판 위를 덮치는 마지막 순간까지도 그는 중심을 다하여 찬송가 338장 '내 주를 가까이하게 함은'을 연주한다. 그리고 사람들을 향해 이렇게 외쳤다.

"예수 그리스도를 믿으세요. 예수 그리스도를 의지하세요. 그분만이 우리의 소망이십니다!"

그의 연주와 외침은 생의 마지막 순간, 두려움과 공포에 눌려 있던 많은 이들에게 단 하나의 위로와 소망이 되었을 것이다. 과연 어디에서 이런 힘이 나온 것일까? 그에게는 처음부터 성공한 바이올리니스트가 아닌 복음을 전하는 연주자로 살고 싶은 선명한 꿈이 있었다. 웰레스의 가슴속에 자리 잡은 복음 전파의 비전이 목숨이 경각에 달한 상황에서도 두려움을 뛰어넘어 복음을 전할 수 있도록 그에게 강력한 동기를 유발했을 것이 분명하다. 이 선한 동기는 자신뿐만 아니라 예수 그리스도를 모른 채 죽어가는 많은 이를 구원하는 희망의 메시지로 작용했다.

전 세계의 가정에 컴퓨터를 한 대씩 설치하는 상상을 하며 온갖 노력을 다해 도전한 빌 게이츠의 꿈이 그를 세계 최고의 부자로 만들었고, 어느 부자로부터 가난뱅이라고 무시를 당한 에스티 로더의 꿈이 그에게 강력한 동기를 부여하여 세계적인 화장품 회사를 설립하게 했다. 당시 가장 큰 호텔이었던 월도프 호텔의 사진을 붙여놓고 전 세계에서 가장 큰 호텔을 짓겠다는 기도를 하며 도전한 초라한 벨 보이 힐튼은 250개의 호텔을 가진 대부호가 되었다. 주인공들의 인생에 아로새겨진 생생한 꿈의 조각들이 숱한 역경을 뛰어넘어 결국 꿈의 성취를 맛보게 한 삶의 동기가 된 것이다. 사실상 훌륭한 동기는 성공의 정점을 향해 전진하도록 도와주는 강력한 터보엔진과도 같다.

한 개인뿐 아니라 조직을 이끌어 가는 데 있어서 동기 부여만큼 중요한 것은 없다. 같은 상황에서도 어떤 동기를 제시하느냐, 어떤 동기를 가졌느냐에 따라 결과물이 달라지기 때문이다.

'모티베이터'Motivator, 말 그대로 자신뿐 아니라 주위의 모든 사람에게 동기와 자극, 감동을 주는 사람을 말한다. 하지만 동기는 양날을 가진 검과 같아서 올바른 동기는 좋은 열매를 맺지만 나쁜 동기는 반드시 나쁜 열매를 맺게 된다. 단도직입적으로 말해 동기에 따라 모든 것이 결정된다는 사실을 알아야 한다. 신앙생활에서도 동기는 모든 것을 좌우한다. 어떤 동기를 가졌느냐에 따라 방법이 달라지고, 방법에 따라 응답이 달라지며, 응답에 따라 결과가 달라지기 때문이다.

그렇다면 언약 가진 하나님의 자녀는 어떤 동기를 가지고 도전해야 하는가? 답은 의외로 간단하다. 내가 원하는 것이 아닌 하나님이 원하시는 것에 방향을 맞춰 나가면 된다. 그러면 당신도 모르는 새 성공의 문턱에 들어서고 있음을 깨닫게 될 것이다.

° 요셉이 품은 선한 동기

일평생 꿈 덕을 가장 많이 본 성경의 인물을 꼽으라면 단연 요셉일 것이다. 그래서 그의 별명은 꿈꾸는 자이다. 평상시 늘 언약기도의 비밀을 누렸기에 요셉은 그 총명함과 지혜로움이 세속적인 욕심을 가진 형들과는 단연 달랐을 것이다. 그는 어려서부터 임마누엘의 비밀을 누리며 하나님과 동행하는 삶을 살았다.

그런 그가 어느 날 형들의 곡식단이 자신의 곡식단을 둘러서서 절을 하는 아주 생생한 꿈을 꾸게 된다. 또 얼마 후에는 그 꿈이 반드시 이루어질 것이라는 사실을 확증이라도 하듯 해와 달과 열한 별이 자신에게 절을 하는 꿈을 꾸었다.

"네까짓 게 왕이라도 되겠다는 거야? 네가 뭔데 우리를 다스린단 말이야!"

요셉의 꿈 얘기를 들은 형들은 무척이나 자존심이 상했고 미움과 시기가 불일 듯 끓어올랐다. 하나님의 뜻보다는 육신적인 동기로 충만한 그들은 요셉을 구덩이에 빠뜨리고 급기야는 노예로 팔아버렸다. 게다가 아버지께는 피묻은 요셉의 옷을 보여주며 사나운 짐승에게 잡아먹힌 것처럼 거짓말까지 했다. 하지만 요셉은 하나님의 언약과 뜻을 인생의 선한 동기로 삼았다. 그래서 애굽에 노예로 팔려가는 처참한 상황에서도, 누명을 쓰고 감옥에 갇히는 억울한 상황에서도 결코 불신앙하지 않았다.

하나님이 주신 비전을 되새김하며 임마누엘의 힘으로 모든 상황을 뛰어넘었다. 복음 안에서 이 젊은 청년의 선한 동기는 믿음의 열매를 맺어 결국은 애굽의 총리가 되었다. 우상 나라에 여호와의 이름을 높이는 결과를 낳은 것이다. 꿈이 성취된 현장에서 그의 고백을 들어 보자.

"형님들, 나를 이곳에 팔았다고 근심하지 마세요. 한탄하지 마세요. 하나님이 생명을 구원하시려고 나를 당신들보다 먼저 보내신 겁니다. 나를 이리로 보낸 이는 형님들이 아니라 하나님이십니다. 하나님이 나를 바로의 아버지로 삼으시고 그 온 집의 주로, 이방 나라 애굽의 통치자로 삼으셨습니다."

요셉은 자신의 능력과 한계를 초월하는 꿈을 꾸었다. 그러나 그 꿈이 여호와 하나님께로부터 말미암았음을 진즉 알았기에 오히려 그 꿈을 생생하게 묵상했다. 예기치 못한 상황이 닥칠 때에도 사건 뒤에 감추어진 하나님의 계획을 선명히 바라보았다. 하나님이 함께하시는 임마누엘의 힘으로 최선을 다해 도전했고, 결국은 꿈의 성취를 맛보게 되었다.

아마도 요셉은 평상시에 이와 같은 동기로 충만했을 것이다.

'내 인생에 놀라운 비전을 주신 하나님께 내가 할 수 있는 일은 오로지 그분을 더욱 경외하고, 감사함으로 그분의 뜻을 따라가는 것뿐이야. 하나님이 반드시 꿈을 이루어 주실 거야.'

매 순간 창조주이신 하나님을 경외하는 마음을 가지고 하나님의 은혜를 삶 속에서 깊이 누리며, 그 반석 위에서 하나님이 원하시는 참된 소망을 꿈꾸는 자에게 어떤 일이 일어나는지 아는가? 하나님의 소원이 날마다 자신의 동기로 품어지게 됨을 깨닫게 된다. 하나님의 손에 인생을 맡기면 상상치도 못할 놀라운 일이 일어난다.

하나님의 계획은 완전하시다. 하나님은 우리를 세상의 소금이요, 빛이라 말씀하시며 복음을 듣지 못해 갈급한 모든 현장에 생명의 빛을 발하는 인생을 살라고 말씀하신다. 이것이 나와 당신을 향한 하나님의 궁극적 계획이다. 이것이 우리의 순전한 동기가 되어야 한다.

하나님의 계획을 구하는 자에게 하나님은 무엇이든 응답하겠다고 약속하셨다. 하나님의 뜻계획을 품고 거룩한 근심으로 무릎을 조아리는 자에게 구원의 역사를 이루리라고 말씀하신다. 지금부터라도 '어떻게 하면 복음을 전하는 전도자의 인생을 살 것인가?'라는 제목을 가지고 하나님의 계획을 좇는 삶으로 인생의 방향을 전환해 보라. 그리고 자신을 한 번 돌아보라. 나는 과연 하나님의 뜻을 이루는 근심이 많은가, 세상 근심이 많은가?

신앙생활을 하는 데 있어 오직 복음이 동기가 되면 그 누구도 해결할 수 없는 영적 문제에서 벗어나 참된 자유를 누리게 된다. 전도가 동기로 자리 잡으면 자연스레 삶의 문제가 해결되고, 선교가 우리의 동기가 되면 문화가 회복되는 응답을 누리게 된다.

° 잘못된 동기가 주는 달콤한 유혹

복음은 그 자체로 완전한 소망이요, 비전이다. 그렇기에 우리의 생각 속에 복음이 뿌리내리면 구원의 열매, 소망의 열매를 맺게 된다. 구원의 열매는 현장을 변화시키는 응답의 열쇠가 된다. 생각보다 더 중요한 것이 잠재의식이다. 잠재의식은 우리의 의식을 통해 들어와 자신도 모르는 새 점차 쌓이게 된다. 잠재의식에 내재된 정보는 정신세계와 관련 있으며 우주와도 큰 연관이 있을 정도로 중요하다.

신앙생활을 처음 시작할 때는 누구나 믿음을 가지고 복음으로 시작한다. 그러나 다가오는 불신앙이 자기도 모르는 새 뿌리내리면 동기, 욕망, 시기의 골이 깊어진다. 이것이 잠재의식 속에 깊이 자리 잡으면 결국 신앙생활은 생명력을 잃어버린 채 종교생활로 고착된다. 그러면 어느 날 갑자기 닥쳐오는 영적 문제와 재난을 피할 수 없게 된다.

그러나 복음에 뿌리내리면 깜짝 놀랄 일이 일어난다. 의식과 잠재의식을 통해 영혼 깊은 곳에 하나님의 말씀이 들어오고, 말씀을 따라 기도하면 하나님의 계획을 이루는 일에 쓰임 받게 된다. 하지만 하나님의 말씀을 믿지 못하는 불신앙, 자기 계산, 자기 자리, 자기 체질, 자기 주장과 같은 잘못된 동기가 가득할수록 결과는 막을 수 없을 정도로 비참해진다.

바리새인들은 복음 없이 스스로 망한 줄도 모르고 성공했다는 생각에 사로잡혀 있었다. 이들은 복음 체질이 아닌 율법 체질을 최고라 생각했다. 자기 자리를 고수하려는 데는 타의 추종을 불허할 정도로 계산이 빨랐기에 예수를 믿을 이유가 없었다. 그러니 예수님께서는 바리새인들을 향해 "독사의 자식들아"라고 엄하게 경고하셨다. 그들이 가진 동기는 믿음도 은혜도 **빼앗아** 갔다. 그래서 결국 복음을 강력하게 거부하고 부인했다. 게다가 예수 믿는 자들을 죽이는 일에 독을 품고 달려들었다. 잘못된 동기는 이토록 무서운 것이다.

예수님의 열두 제자 중 한 사람이었던 가룟 유다 역시 자기 계산, 자기 동기에 사로잡혀 예수님을 유대인에게 팔아넘기는 극악한 일에 주범이 되고 말았다. 그는 수리에도 밝았을 뿐 아니라 사람들이 인정할 정도로 똑똑했을 것이고, 믿음도 좋았을 것이다. 그런데 그만 가룟 유다는 자기 동기가 충만하여 이리저리 머리를 굴리며 계산하다가 결국 처절하게 무너지고 말았다.

초대교회사에 쌍묘의 비극을 남긴 아나니아, 삽비라 부부 역시 마찬가지였다. 하나님 앞에 믿음으로 진실 되게 헌금하면 될 것을 좋지도 않은 머리로 계산하고 속이다가 부부가 한 날 연속해서 죽임을 당하고 말았다.

예수님께 자신의 무덤을 내어주었던 아리마대 요셉이 큰 은혜를 받지 못한 이유도 자기 계산이 있었기 때문이다. 그는 예수님의 제자였지만 유대인이 두려워 그 사실을 숨겼다요 19:38.

신앙생활은 취미가 아니고 생활의 일부도 아니다. 삶 그 자체가 되어야 한다. 그렇지 않으면 어느 날 닥쳐오는 어둠의 문제를 이기지 못한다. 잘못된 동기를 품게 되면 자신도 모르는 새 자기 생각이 나오게 되고 자기 체질이 드러나게 된다. 그러다 보니 자연스럽게 자기 주장이 강해지고, 자기 계산에 얽매이다 보니 결국 자리를 놓고 싸우게 되는 것이다. 이와 같은 것들이 흔히 사람들이 품게 되는 잘못된 동기의 실체이다.

숨겨져 있든, 드러나 있든 하나님은 우리가 그릇된 동기로 충만해 있는 것을 절대 원치 않으신다. 연약한 인간이기에 어쩔 수 없이 품게 되는 것이 자신의 욕심을 채우기 위한 동기임에 이를 버리는 것 또한 쉽지만은 않은 일이다. 하지만 적어도 하나님 앞에서라면 개인의 사사로운 동기는 아무런 효력을 발휘하지 못할뿐더러 오히려 거추장스러운 걸림돌로 작용한다는 사실을 눈치채야 한다. 무익한 동기는 빨리 버릴수록 유익하다. 사람들은 예수를 믿으면 뭔가 일이 잘 풀릴 것으로 생각하는 막연한 감상주의에 젖어 있다. 부자가 될 것 같고, 병도 얼른 치유될 것 같고, 자녀도 형통하게 만드는 요술 방망이라도 되는 양 생각한다. 이는 본질을 놓쳐버린 믿음이다. 물질, 건강, 자녀의 축복은 복음적 동기 뒤에 부수적으로 따라오는 축복이다. 올바른 동기 위에 지어지지 않은 집은 흔들리고 만다. 하나님을 믿는 믿음이 부실하면 결국은 넘어지게 된다.

˚왜 하나님의 능력을 불신하는가?

하나님께는 기적이라는 단어가 필요 없다. 이를 설명할 때 나는 종종 개미 비유를 든다. 개미 앞에 밥풀 하나를 던져주어 보라. 개미 한 마리의 힘으로는 밥풀 하나 옮기는 것도 벅차 여러 마리가 달려들어 낑낑댄다. 만약 밥 한 그릇을 개미집 입구에 부어 놓는다면 어떤 일이 일어날까? 아마 기적이 일어났다며 개미들이 떼거리로 기절할지도 모른다. 한 솥 가득 밥을 해서 가져다 놓았다고 생각해 보자. 우리 생각에는 좀 아깝다 싶은 정도겠지만, 개미로서는 상상 못 할 기적이 일어난 것이나 다름없다.

사람이 볼 때는 기적이라도 하나님께서 보실 때는 모든 일이 가능하다. 하나님의 능력으로는 얼마든지 가능한 일인데 이 사실을 잘 알지 못해, 역사 가운데 일어난 불가사의한 일들을 사람들이 해석하지 못하는 것이다. 그래서 홍해가 갈라지고, 요단이 갈라지고, 여리고가 무너지고, 죽은 사람이 살아나며, 예수님이 물 위를 걸으신 모습을 믿지 못하고 이를 시빗거리로 삼는 사람들이 있다. 하지만 하나님께는 아무런 일도 아니다. 하나님의 능력을 믿지 못할 때 모든 것을 우리 마음대로 하는 실수를 범하게 된다.

이스라엘 민족이 광야의 사막을 걸어갈 때 어떤 일이 일어났는가? 원래 광야란 곳이 일교차가 커서 낮에는 지독히도 덥고, 밤에는 굉장히 추운 곳이다. 게다가 물과 음식이 없는 절망적인 상태가 바로 광야생활이다.

그래서 이스라엘 백성은 차라리 애굽에서 노예생활 하는 것이 더 낫다고 여겼다. 그런데 이것이 그들의 실수였다. 광야와 사막은 보았지만 전지전능하신 하나님은 보지 못했기 때문이다. 춥고 더움, 못 먹는 것, 사막의 위험은 기가 막히게 보았지만, 여호와 이레의 능력은 도무지 생각하지 못했다. 그래서 그들은 사막에서 죽어간 것이다.

때로 우리도 이런 실수를 할 수 있다. 하나님은 모든 것을 완벽하게 예비하시고 능력의 손으로 우리를 지키고 보호하시는데, 세밀하게 역사하시는 하나님의 능력은 보지 못한 채 우리 생각과 동기에 매여 모든 일을 처리한다. 하나님의 계획과 뜻은 상고하지 않고 현실에 밝고 계산이 빨라 스스로 알아서 모든 것을 처리해 버린다. 마치 엘리사의 종이 하나님의 능한 손이 배후에서 능력으로 역사하신다는 사실을 잊어버린 채, 위협적인 아람 군대의 거대한 위용 앞에 자기 군대의 힘이 약하다고 낙심한 것과 같은 꼴이다. 참으로 부끄러운 일이다.

현실만 보고 하나님의 계획을 알지 못하면 자기 동기와 계산을 내세우게 되고, 나중에는 반드시 부끄러움을 당하게 된다. 하나님의 계획을 믿는 믿음과 예수 그리스도, 곧 복음에 대한 확신이 없으면 꼭 이렇게 된다. 예수님은 그리스도로 이 땅에 오셔서 인간의 모든 문제를 완전히 해결하셨다. 의사, 군인, 뛰어난 정치인, 경제인, 대통령도 해결 못 하는 어둠의 주관자, 사탄의 일을 멸하신 분이 바로 예수 그리스도시다. 모든 인간

The Lord will Provide

광야생활과 같은 모진 현실 속에서도
모든 것을 완벽하게 예비하시고 능력의 손으로 우리를 지키고 보호하시며
세밀하게 역사하시는 하나님의 능력을 믿는 믿음이 필요하다.

*

03 빛나는 인생, 복음적 동기 위에서

이 죄로 인해 분명히 재앙과 질고를 받아야 하는데, 그 재앙과 고난에서 인간을 완전히 해방하시고 하나님 만나는 길을 여신 분이 예수님이시다. 예수가 그리스도라는 사실에 생의 결론을 내리고, 그 언약만 든든히 붙잡고 있으면 실은 아무것도 문제 되지 않는다.

하나님이 계획을 세우시면 못 할 것이 없다. 하나님께서는 창세 전, 영세 전부터 당신을 향한 크고 놀라운 계획을 이미 세우고 계신다. 그런데도 우리는 왕왕 자기 생각, 자아 때문에 주님의 계획을 놓쳐버릴 때가 잦다. 주님이 분명히 살아 역사하시는데도 너무 자주 그 사실을 놓쳐버리는 것이다. 예수님이 함께하시는데도 파도를 쳐다보다 물에 빠진 베드로와 같고, 주님이 함께하시는데도 현실문제에 매여 죽기를 각오한 엘리야와도 같다.

하나님은 굶고 뒹굴면서 간절히 부르짖는 기도에만 응답해 주시는 악한 하나님이 아니시다. 우리가 기도하기만 하면 그분의 뜻과 계획을 알려 주시고, 우리의 믿음에 따라 반드시 응답하신다. 그렇다면 이런 응답을 어떻게 지속해서 누릴 수 있을까? 자신의 계획과 동기, 자아가 깨어져야 한다. 지식과 지성마저 낱낱이 깨어져야 한다. 그래야 하나님의 온전하신 뜻을 깨닫게 되기 때문이다. 깨닫기만 하면 하나님은 풍성한 은혜로 채우신다. 예수님은 넘치게 부으시고, 생각만 해도 가득 채워주시는 사랑과 능력의 주님이시다.

하나님은 작은 일에는 길을 열어놓고 가라고 말씀하시지만, 큰일은 길을 열어 놓고 가라고 하시는 일이 별로 없다. 언제든지 하나님은 우리가 믿음으로 나아갈 바로 그때, 역사하신다. 푸른 파도가 출렁이고 살기등등한 애굽 군대가 파죽지세로 몰아닥치는 위기의 순간에 모세가 믿음으로 지팡이를 들고 내려치자 홍해가 갈라졌다. 제사장이 발을 요단 물에 믿음으로 담그고 나아갈 때 넘쳐나던 요단강이 갈라지기 시작했다. 여리고를 무너뜨려 놓고 가라고 한다면 누가 못 가겠는가? 여리고가 반드시 무너질 것이라는 믿음을 가지고 나아갈 때, 한순간 와르르 무너지는 체험을 하게 되지 않았는가.

하나님은 결코 우리에게 손해가 되는 방법을 주시지 않는다. 문제는 우리 스스로 손해인 길을 선택했을 뿐이다. 교회의 살림, 복음 사업, 주님의 일을 할 때 하나님은 항상 부족하게 주시고, 뒤에서 풍성하게 채우신다. 하나님은 우리가 믿음으로 시작해서 힘을 모아 기도할 때 상상치도 못할 놀라운 일을 행하신다. '복음과 전도를 위해 하는 이 일에 하나님께서 축복하시면 안 될 것이 있겠는가!'라고 고백할 때 '하나님은 네 말이 맞다!'라고 응수하시며 모든 응답을 예비하신다. 동기와 자기 계산을 버리고 믿음으로 행동하라. 그것이 방법이다.

°이기는 습관, 코람데오 신앙

신앙생활이란 사람의 눈에 잘 보이기 위해 하는 것이 아니다. 하나님 앞에서 정직한 중심을 가지고 해야 한다. 지금까지 자신의 생각대로, 주장대로, 계산대로 살아왔다면 지금부터라도 모든 삶의 패턴을 온전히 '하나님 앞에서'코람데오 신앙으로 바꾸어야 한다. 세상 속에서는 자신의 동기와 자기 생각, 자기 주장을 분명히 하고 확실한 자기 자리를 갖고 계산을 분명히 하는 것이 맞을지 모른다. 하지만 하나님 앞에서는 이 모든 것을 깨끗이 거두어야 한다.

열국의 아비로 부름 받은 아브라함의 인생행로를 보아도 하나님 앞에서 동기를 내려놓는 것이 얼마나 지혜로운 일인지 알게 된다. 하나님 앞에서 동기를 버리고 결단하기까지 그의 인생 전반부는 그야말로 되는 일이 없는 진퇴양난의 인생길이었다. 하나님으로부터 본토, 친척, 아비집을 떠나라는 명령을 받고도 조카 롯을 데리고 나와 후에 분쟁의 불씨를 일으켰고, 기근이 들어 애굽으로 내려갔을 때는 자신의 아내를 누이라 속여 큰 화를 당할 뻔했다. 게다가 하나님의 약속을 기다리지 못하고 사라의 몸종 하갈을 통해 이스마엘을 낳아 불신앙의 후손을 세상에 퍼트리게 된다. 믿음의 백성이 하는 일마다 실패하고 손해를 보는 것은 그가 하나님 앞에 서지 않고 자기 계산 앞에 섰기 때문이다.

그러나 어느 날 아브라함이 동기를 버리고 하나님 앞에 섰을 때 깜짝 놀랄 일이 벌어졌다. 그는 백세의 나이에 독자 이삭을 낳았다. 목숨보다 소중한 아들을 번제로 드리라는 하나님의 거룩한 시험 앞에서 자신의 모든 생각과 계산을 내려놓았다. 그리고 다만 믿음으로 순종하여 이루 헤아릴 수 없는 하나님의 큰 복을 받았다. 후손이 하늘의 별과 같고 바닷가의 모래와 같이 번성할 것이라는 약속과 함께 장차 그의 씨를 통해 언약의 실체이신 구원자 예수 그리스도가 나실 것이며, 예수께서 원수의 모든 세력을 깨뜨리고 대적의 성문을 차지할 것이라는 언약을 받게 된 것이다. 이는 동기 없이 하나님의 말씀 앞에 즉각 순종한 믿음의 결과였다.

출애굽의 위대한 지도자 모세 역시 마찬가지였다. 천하의 모세라도 동기를 버리기 전까지는 애굽의 왕자가 아닌 살인자의 신분으로 미디안에 숨어 양을 치는 초라한 늙은 목동에 지나지 않았다. 하지만 호렙산에서 노예로 고통당하는 자기 민족을 해방시킬 지도자로 주님의 부름을 받은 후 그는 달라졌다. 자신의 모든 동기를 하나님 앞에 내려놓고 오직 하나님의 능력과 유월절 피 언약의 비밀로 무장하여 출애굽을 이끄는 영적 지도자로 쓰임 받게 된 것이다.

갈멜산에서 바알 선지자와 850대 1로 대결해서 하나님의 큰 역사를 본 엘리야 역시 아합의 부인 이세벨을 피해 도망하던 중에 로뎀나무 아래서 죽기를 간구했다. "여호와여 넉넉하오니 지금 내 생명을 거두시옵소서 나는 내 조상들보다 낫지 못하니이다"왕상 19:4 하나님은 아직 본격적인 사역을 시작도 하지 않으셨다. 하지만 엘리야는 자기 동기에 사로잡혀 모든 것이 끝난 듯 체념하고 말았던 것이다. 하나님은 천사를 보내어 숯불에 구운 떡과 물을 주어 그를 호렙산으로 도망하게 했다. 그리고 그곳에서 소명을 전달받았다.

"하사엘에게 기름을 부어 아람의 왕으로 세워라. 님시의 아들 예후에게 기름을 부어 이스라엘의 왕이 되게 하고, 엘리사에게 기름을 부어 엘리야를 대신하여 선지자로 세우거라. 그리고 바알에게 무릎 꿇지 않은 숨겨진 칠천 명을 찾아 세우라."

그렇다면 초대교회 마가다락방에 모인 제자들에게는 왜 그토록 놀라운 성령의 역사가 처음부터 연속해서 일어났을까? 무엇보다 '하나님 앞에서' 한결같이 동기가 없었기 때문이다. 확실히 말하자면 이들은 오직 복음이라는 단 하나의 동기로 충만했다. 당시 예수를 믿고 전하는 자에게 내려지는 최고의 형벌은 사형이었다. 이런 극한 상황에서도 이들은 오히려 생명을 걸고 모이기를 지속했고 예수 그리스도의 복음을 담대히, 그리고 은밀하게 전파했다. 생명을 내어놓을 정도였으니 어느 정도로 동기가 없었는지 알 수 있을 것이다.

잘못된 동기를 버리라는 말은 하나님 앞에서 우리 자신을 없애라는 말이 아니다. 하나님의 은혜가 너무 커서 내 생각, 체질, 주장, 계산, 내 자리가 필요 없는 정도가 아니라, 보이지 않게 되는 것을 말한다. 마태복음 5

장 8절에 "마음이 청결한 자는 복이 있나니 그들이 하나님을 볼 것임이요"라고 하신 말씀도 이런 뜻을 내포하고 있다.

당신이 그리스도의 제자라면 어떤 일을 하든 '하나님 앞에서'라는 중심을 확고히 하라. 또한 하나님이 원하시는 것에 최고의 우선순위를 두어야 한다. 하나님이 과연 무엇을 원하시는가, 이것이 바로 모든 사역에서 최고의 동기가 되어야 한다. 그릇된 동기를 버리는 만큼, 없애는 만큼, 거두는 만큼 신앙생활은 더욱 활기차고 심플해진다. 형통해질 뿐 아니라 훨씬 수월해진다. 자신도 모르게 생명의 향기가 흘러나와 다른 사람까지 살리게 된다.

평소에 아주 친한 목사님이 계셨는데 경건하고 실수도 없는 아주 좋은 분이셨다. 그런데도 교회가 잘되지 않아 늘 고민이었다. 알고 보니 목사님은 나, 내 아내, 내 자식만 위하는 동기로 가득했다. 교회 일도 그것을 위해서 하니 될 리가 있겠는가. 평신도도 마찬가지다. 주의 일을 할 때 동기를 완전히 버려야 역사가 일어난다. 생명뿐 아니라 우주 만물까지 주관하시는 하나님 앞에서 인간의 나약하고 이기적인 동기와 계획이 무슨 소용이란 말인가. 이 말이 맞는다면 하나님의 온전하신 뜻을 좇아 그 어떤 사사로운 동기라도 버리는 것이 마땅하지 않은가.

°새로운 동기로 자신을 무장할 때

　여기, 사도행전을 펼치면 가장 먼저 만나게 되는 데오빌로를 보라. 초대교회에 폭풍처럼 몰아닥쳤던 죽음의 위협 속에서도 그는 예수님의 제자였던 의사 누가를 통해 받은 편지인 누가복음과 사도행전을 만인에게 공개하여 하나님을 기쁘시게 하는 축복의 통로로 쓰임 받았다.

　가이오는 예수님의 공생애와 부활을 보았던 인물로서 복음을 정확하게 깨닫고 이해한 사람이었다. 그는 니고데모나 아리마대 요셉처럼 숨어 지내지 않고 실제로 언약을 알고 복음 전하는 일에 참여했다. 그는 최고 위기 시대에 교회를 지킨 든든한 사명자였다. 요한복음과 요한 일서, 이서, 삼서, 요한계시록을 저술한 요한을 물심양면으로 도운 사람이 바로 가이오였다. 그래서 요한은 가이오에게 편지하면서 "사랑하는 자여 네 영혼이 잘됨 같이 네가 범사에 잘되고 강건하기를 내가 간구하노라"요삼 1:2라고 축복했다. 게다가 그는 생명을 걸고 끝까지 세계선교에 동참해서 모든 전도자를 돕는 식주인의 역할까지 감당했다. 자신의 동기를 버리고 하나님 앞에 선 것이 후에 그가 복음을 위해 영원히 축복받는 길이 된 것이다.

　바울과 디모데는 빌레몬을 "우리의 사랑을 받는 자요 동역자"몬 1:1로 소개하면서 하나님 앞에 아름답게 쓰임 받은 그의 헌신적인 사랑에 대해 소개하고 있다. 바울로부터 복음을 전해 받은 빌레몬은 오네시모, 곧 자신의 집을 도망쳐 갔다가 후에 감옥에 있던 바울을 통해 그리스도인으로 거듭난 그를 바울의 부탁을 받고 다시 받아들이는 사랑을 베푼다. 또한 일체 동기 없이 하나님 앞에 서서 자신의 집을 가정교회로 내어놓았다. 그의 가족과 권속이 일심으로 전도자들을 도우며 주의 복음을 증거 함으로써 예수 향내 나는 전도자의 삶을 살았다.

브리스길라, 아굴라 부부의 삶은 또 어떠한가? 브리스길라의 남편인 아굴라는 소아시아 본도 출신의 유대인이었다. 초대교회의 신자이기도 한 그의 직업은 천막을 제조하는 것이었다. 글라우디오의 박해로 로마를 떠나 고린도에 갔을 때 자신과 같은 직업을 가졌던 바울을 만나 그의 사역을 돕게 된다. 아내 브리스길라 역시 로마인으로서 남편을 도와 복음 전하는 일에 특심이었다. 특별히 성경에 그녀의 이름이 남편인 아굴라보다 먼저 언급되는 경우가 많은 것을 볼 때 초대교회에서 아주 중요한 역할을 감당했던 것으로 보인다.

"너희는 그리스도 예수 안에서 나의 동역자들인 브리스가와 아굴라에게 문안하라 그들은 내 목숨을 위하여 자기들의 목까지도 내놓았나니 나뿐 아니라 이방인의 모든 교회도 그들에게 감사하느니라 또 저의 집에 있는 교회에도 문안하라"롬 16:3-5

*

전도자를 위해 목숨이라도 내어 놓을 정도로 헌신했던 이들 부부는 제대로 성령의 인도를 받는 부부였다. 로마에서 바울을 만났고 또다시 고린도에서 아볼로를 만나 복음을 정확히 풀어 이르고, 후에는 로마복음화에 크게 쓰임 받았다. 이들의 인생 역시 하나님 앞에서 동기 없는 믿음으로 귀하게 쓰임 받은 전도자의 인생이었다.

바울이 쓰임 받고 존경받은 이유 역시 욕심과 동기를 십자가에 못 박고 자신은 그리스도와 함께 죽었음을 고백했기 때문이다. 그는 그리스도께서 함께하시는 것을 믿는 믿음과 감사가 자신의 삶의 이유라 했다. 이러한 중심을 가진 바울 옆에는 복음을 위해 헌신한 제자들로 가득했다. 바울을 따라다니던 사람들은 그를 통해 복음의 유일성을 체험하고 복음 전파의 강력한 동기를 발견했기에 끝까지 세계복음화에 동역할 수 있었던 것이다.

°시대 살릴 거룩한 동기를 품고

자, 여기서 우리는 한 단계 더 발전된 동기를 품어야 한다. 거짓 된 동기를 뛰어넘어 하나님이 원하시는 새로운 동기로, 새로운 동기를 뛰어넘어 복음을 위한 거룩한 동기를 가져야 한다. 거룩한 동기란 무엇을 말하는가? 복음을 가지고 시대를 내다보고 시대 살릴 비전을 갖는 것을 말한다.

또한 복음 없는 흑암문화 현장을 내다보면서 문화를 살릴 거룩한 비전을 품어야 한다. 그뿐 아니다. 시대보다 힘 있고 문화보다 강력한 올바른 복음 사상을 심는 거룩한 동기를 가져야 한다. 한국과 북한의 이념, 사상싸움은 어제오늘의 일이 아니다. 이 이념을 뛰어넘어야 한다. 지역 간 감정 대립도 끝내야 한다. 적어도 복음 가진 하나님의 사람들만이라도 이념을 뛰어넘고, 복잡한 인간적 생각을 뛰어넘어 하나님 사상으로 충만해야 한다. 믿음 가진 우리의 후대 한 명이 올바른 기도를 배우고, 신앙인답게 전문성을 가지고 사회에 나가 그리스도의 증인으로 서게 도와주어야 한다. 이것이 우리 인생의 거룩한 동기가 되어야 한다.

초대교회 마가 다락방에 모인 이들은 동기를 완전히 버린 생명 건 사람들의 모임이었다. 이들을 통해 전 지역에 순수한 믿음 가진 평신도 제자들이 세워졌다. 이들 삶의 핵심적 동기는 예수 생명운동, 성령운동, 영적 싸움, 현장에서 예수 그리스도의 증인으로 서는 것이었다. 하나님이 가장 원하시는 것에 인생의 우선순위를 둔 것이다. 그러니 하나님의 무조건적인 응답을 받게 되었고, 그러다 보니 세계를 정복할 수밖에 없었던 것이다.

당신과 동역하는 지체 혹은 당신이 마음에 품고 기도하는 이들과 함께 이런 기도를 드려 보라. 그리고 당신 스스로에게도 이 비밀을 선포해 보라.

"하나님, 주님 앞에서 복음 전파에 걸림돌이 되는 나의 사사로운 동기를 과감히 던져버리게 하소서. 하나님의 자녀인 나에게 불신앙과 잘못된 동기는 더 이상 발붙일 곳이 없도록 주의 말씀과 성령의 능력으로 나를 새롭게 하소서. 이제 주님이 원하시는 새로운 동기와 시대 살릴 거룩한 동기를 부여받았으니 이 기초 위에서 세계복음화의 꿈을 꾸게 하옵소서. 영원히 남는 구원 사역에 쓰임 받게 하소서."

신앙생활의 유일한 동기는 예수 그리스도가 되어야 한다. 이를 맛보고 누리는 것이 예배이다. 이 비밀로 충만한 것이 기도이며, 현장에서 사실적으로 체험하는 것이 전도요, 선교이다. 이를 모든 삶에 적용하고 누려 보자. 문제와 사건은 오히려 신앙생활의 큰 발판으로 작용할 것이다. 당신이 동기 없이 하나님을 위해 한 일은 지금뿐 아니라 앞으로도 영원히 남게 될 것이 분명하다. 오늘날까지도 그 옛날 믿음의 사람들의 이야기는 생명력 있게 전파되고 있지 않은가. 지금 당장 시작해 보라. 복음으로 당신의 동기를 새롭게 하는 것만큼 현명하고 지혜로운 일은 없을 것이다.

°성공하는 인생을 위한 다섯 가지 동기

어느 날 강가를 거닐며 하나님과 대화하는 중에 과연 성공한 인생이란 어떤 것인가에 관해 곰곰이 생각해 보게 되었다. 혹자는 자신과 가족을 위해 아등바등 살아가는 것도 벅찬데 다른 사람, 그것도 민족과 세계를

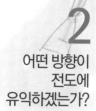

2
어떤 방향이
전도에
유익하겠는가?

3
어떤 방향이
우리의
후대를 살리는 데
유익하겠는가?

이것이 우리의 생각,
사상으로 자리 잡으면 된다.

선교

관용

1
복음적인 동기로
충만하기를
기도하라

하나님이 기뻐하시는 *
다섯 가지 동기

이렇게 되면
4
자발적으로
'사람을 살리는 동기'를
갖게 된다

이것이
능력 중의
능력!

사랑

주님이 명하신
그 길을 모두
함께 가야 한다
5

*

품고 살아가야 하는 그리스도인의 삶이 너무 힘겹고 부담된다고 말한다. 과연 그러하다. 하지만, 그래서 하나님이 함께하셔야만 한다.

　하나님이 함께하시면 하나님의 능력으로 무엇이든 할 수 있다. 하나님의 능력을 힘입어 가는 곳마다 주님의 나라를 확장하는 일에 쓰임 받는 인생을 꿈꿔 보라. 지구촌 곳곳에 그리스도의 제자를 세우는 사명을 감당하는 것이 일평생 자랑거리가 되고, 무의식중에라도 주의 이름을 찬양할 정도로 기도가 호흡이 된다면 그것이 바로 성공한 인생이 아닐까. 오직 성령으로 충만하여 물질에 유혹받아 끌려다니지 않고 전도와 선교에 생을 건 인생, 게다가 하나님이 주시는 보너스로 물질을 정복하고, 물질이 따라오는 지극히 당연한 은혜를 누리는 것, 이것이 바로 임마누엘의 비밀을 누리는 가장 정상적인 성도의 삶일 것이다.

　나는 개인적으로 하나님 앞에 헌금할 때마다 늘 후손을 생각하며 기도한다. 내 후손이 드리는 십일조를 통해 교회가 든든히 세워지고, 지역에 아름다운 영향력을 미칠 정도로 교회가 교회다워지면 좋겠다. 복음의 중심을 가지고 믿음의 후대를 세우는 일에 생을 걸고 헌신할 수 있다면 얼마나 좋겠는가. 그리고 전 세계의 선교사들을 전심으로 돕고 파송할 정도로 축복을 누린다면, 기도만으로도 마냥 행복해진다. 다른 누구의 도움도 받지 않고 오직 하나님이 채우시는 풍성한 하늘 축복으로 이 고귀한 사역을 감당하는 비밀과 결단이 있다면 또 얼마나 좋을 것인가. 이 모든 것이 바로 지금의 나로부터 시작된다는 사실을 너무나 잘 알고 있다. 그래서 날마다 동기를 새롭게 하려 결심하며 기도한다.

우리는 늘 하나님이 기뻐하시는 다섯 가지 동기로 자신을 새롭게 해야 할 이유가 있다.

첫째, 복음적인 동기로 충만하기를 기도하라. '어떻게 하면 복음을 잘 전할 수 있을까?'라는 생각이 우리의 새로운 동기가 되어야 한다. 둘째, '어떤 방향이 전도에 유익하겠는가?' 전도에 대한 생각으로 우리의 동기가 바뀌어야 한다. 셋째, '어떤 방향이 우리의 후대를 살리는 데 유익하겠는가?' 이것이 우리의 생각, 사상으로 자리 잡으면 된다. 넷째, 이렇게 되면 자발적으로 '사람을 살리는 동기'를 갖게 된다. 다섯째, 가능하면 주님이 명하신 그 길을 모두 다 함께 가야 한다. 이것이 능력 중의 능력이다. 끝까지 관용을 베풀고 사랑하라.

우리의 동기는 오로지 복음 전파여야 한다. 그래서 전도를 하다가도 경쟁심이 끓어오르면 차라리 양보하는 편이 낫다. 하나님의 일은 세상일과 다르다. 주의 일은 동기 없이 복음으로 하면 어떤 상황에서도 되게 되어 있다. 수준 높은 제자 양육의 핵심 원리 역시 동기 없이 온전히 복음만 전하는 것이다. 하나님이 원하시는 거룩한 동기로 무장하여 끝까지 성령 인도, 성령 충만의 은혜 속에서 빛나는 인생을 가꾸어가길 주님의 이름으로 부탁한다.

The Greatest Gift in My Life

'Call to me and I will answer you and tell you great
and unsearchable things you do not know.'

Jeremiah 33:3

4

은혜의 통로,
언약기도

"너는 내게 부르짖으라 내가 네게 응답하겠고
네가 알지 못하는 크고 은밀한 일을 네게 보이리라" 렘 33:3

CONTENTS

기도는 아름다운 꿈을 꾸는 시간이다. 생활 속 단 10분이라도 기도하겠다는
생각을 품고 이를 실행에 옮긴다면 당신의 삶은 매일 조금씩 생명력 있는 모양으로
달콤하고 신선하게 물들어갈 것이다.

° 은혜의 통로를 사수하라

구령救靈의 열정을 가진 기도의 사람 찰스 스펄전 목사는 "우리는 망원
경을 집어 들고 하늘에 있는 것을 보려고 애쓰지만, 망원경 렌즈에 근심
과 불안의 더운 입김을 불어대기 때문에 아무것도 보지 못한다."라고 말
했다. 살아 있는 하나님의 말씀을 가벼이 여기고 쉽게 불신앙하고 낙담
하는 그리스도인의 세태를 꼬집어 비유한 말이다.

종종 우리는 우리 자신의 영적 게으름으로 인해, 혹은 굼뜨고 더딘 믿
음의 상태로 인해 하나님의 살아 계심을 체험하지 못한다. 그로 인해 우
리를 위해 예비 된 엄청난 하늘의 축복마저 놓쳐버리곤 한다. 예수가 그
리스도라는 진리를 머리로만 알고 있는 것, 하나님의 말씀을 믿지 않는
것, 기도하지 않는 것, 예배가 기다려지지 않는 것, 찬양이 흥얼거려지지

않는 것 등은 우리의 심령에 은혜가 메말라가고 있음을 드러내는 아주 슬픈 징조들이다. 하나님의 자녀가 은혜 받는 통로를 잃어버리는 순간, 힘을 잃고 쩔쩔매며 방황하게 될 것은 불 보듯 뻔한 일이다.

그리스도인이 하나님과의 언약 속에 있는 시간이 어느 정도인가 하는 것은 미래를 좌우할 정도로 중요하다. 하나님과의 지극히 개인적이고 소중한 일대일 대화 시간은 영적 삶의 질을 결정짓는 잣대가 된다. 만약 기도가 생활 속에 녹아들고, 생활이 바로 기도로 연결된다면 지금보다 훨씬 풍요로운 기쁨을 맛보며 살게 될 것이 분명하다. 기도의 비밀을 누릴수록 모든 상황 가운데 하나님의 뜻을 발견하고 그분의 인도를 받을 수 있게 되기 때문이다.

우리가 하나님이 주신 신분과 권세를 가지고 기도하는 바로 그 시간에 하나님은 우리와 관계된 모든 현장에 성령으로 역사하신다. 하나님의 뜻을 이루시고 모든 상황을 아름답게 주관해 나가신다. 이때 우리의 기도 안에 담아야 할 가장 중요한 것이 이 사실을 믿는 믿음이다. 기도의 시간이 쌓이다 보면 내가 있는 곳이 바로 축복과 응답의 자리임을 깨닫게 되고, 어느덧 우리의 삶을 기도 중심으로 꾸려가는 현명한 기도꾼으로 살게 된다.

그뿐인가. 하나님과의 친밀한 교제를 통해 우리의 영혼과 정신이 건강해지고, 신체의 리듬도 회복된다. 세상사는 동안 엄습해 오는 숱한 고민과 갈등 속에서도 하나님의 살아 있고 활력 있는 말씀은 우리의 혼과 영과 관절과 골수를 찔러 쪼개며 마음과 생각까지도 판단하시고 지키신다. 하나님의 말씀을 묵상하는 중에, 또 그분의 뜻을 찾는 시간에 반드시 새 힘을 주리라, 약속하셨다. 복음 안에 담긴 셀 수 없는 축복을 누리는 것이 바로 기도이다.

그런데도 많은 이들이 이 놀라운 비밀을 경험하지 못하고 어떤 이유에서든 기도가 안 되어 고민하고 있다. 설혹 당신은 아직도 기도를 어려워하고 기도를 하면서도 불신앙하고 있지는 않은가. 많은 사람이 우리가 주인이고, 하나님이 종인 양 제멋대로 하나님의 계획을 해석하며 앞서 걱정하는 것을 보았다. 때론 재깍 응답되지 않는다고 투덜거리며 낙심과 좌절의 짐을 진 채 스스로 불신앙의 깊은 수렁을 파 들어간다. '하나님이 왜 내 기도에 응답하시지 않는 걸까, 하나님은 과연 살아 계시기나 한 걸까? 아……, 기도는 너무 힘들어.'라며 스스로 포기하는 상태에까지 이른다.

무엇이 우리로 기도하지 못하게 하는 걸까? 기도는 그토록 어려운 것일까? 당신은 혹, 모든 사람에게 기도의 놀라운 응답을 막는 방해자, 이른바 기도의 방해꾼이 있다는 사실을 알고 있는가? 당신이 방해꾼의 전략을 간파하고 그것을 뛰어넘을 힘이 있다면, 그리고 왜 기도해야 하는지에 관한 이유만 정확히 인지한다면, 기도는 당신의 삶을 풍요롭게 하는 가장 큰 축복의 통로가 될 것이다.

˚ 기도의 방해꾼

"시험에 들지 않게 깨어 기도하라 마음에는 원이로되 육신이 약하도다" 마 26:41

실제로 기도를 막는 첫 번째 방해꾼은 다름 아닌 우리 자신이다. 누군가가 기도하지 말라고 협박하거나 강요하지 않는데도 우리는 기도하지 않고 있다. '기도해야 하는데……'라는 생각이 수천, 수만 번도 더 우리의 양심을 흔든다. 그러나 어쩌겠는가? 결국 하루를 돌아보면 기도보다 덜 중요한 다른 것에 우선순위를 빼앗기고만 자신을 보게 된다.

예수님께서는 불안하고 연약한 우리의 성정을 매우 잘 아시고 '깨어 기도하라'고 당부하셨다. 폭풍처럼 몰아치는 세상의 유혹과 시험에서 이기는 방법은 깨어 기도하는 것, 곧 육신적, 세상적, 종교적으로 치우쳐 있는 생각을 기도를 통해 복음으로 돌리는 것 이상 좋은 것이 없다. 같은 사물을 보고도 축복을 먼저 생각하는 사람이 있고, 부정적 생각에 금세 몰입되는 사람이 있다. 문제가 와도 생각만 복음적으로 하면 능히 뛰어넘을 수 있지만, 이 비밀을 잃어버리면 고민하고 염려하기 바쁘다.

기도에 관한 가장 간단하고 쉬운 정의를 나는 이렇게 내리고 싶다. '생각을 바르게 하는 것', 그것이 기도 중의 기도이다. 다시 말하면 올바른 복음적 생각이 곧 기도이다. 왜 그런가? 생각은 사고로 바뀌고 이것이 자신도 모르는 새, 사상으로 자리 잡아 의식과 잠재의식, 무의식 속으로 파고들어가기 때문이다. 잘못된 생각이 영혼 가운데 뿌리 내리면 사실상 그의 인생도 잘못된 사상의 통제를 받게 된다. 그래서 늘 '성령 안에서' 생각하려 몸부림치는 것이 중요하다.

복음적 생각에 반드시 성령이 역사하신다. 그러면 실상 문제가 와도 문제에 매몰되지 않게 된다. 오히려 사실을 직시하는 눈이 열려 기도의 비밀 속으로 들어가게 된다. 문제 속에서 하나님이 예비하신 답을 찾아내고 모든 문제를 그리스도의 관점으로 재해석하며, 영적인 것을 사실적으로 믿을 때 일어나는 역사를 체험하는 것, 이것이 바로 기도이다.

기도의 비밀이 없으면 지극히 사소한 일도 시험거리가 되고 만다. 하지만 기도의 비밀이 있으면 모든 시험을 능히 이길 힘을 얻게 된다. 생활 속에서 기도의 비밀을 소유하고 있는가, 그렇지 않은가 하는 것은 삶 전체를 좌우하는 핵심적 요소이다.

기도의 두 번째 방해꾼은 바로 사탄이다. 다니엘의 기도에 응답하기 위해 가브리엘 천사가 활동할 때 악한 영인 사탄이 21일 동안 가브리엘을 막아 기도의 응답을 지연시키고 방해했던 사실이 다니엘서 10장에 기록되어 있다. 여기서 우리가 주의 깊게 보아야 할 사실이 있다. 다니엘이 주의 말씀을 깨달으려 하나님 앞에 스스로 겸비하기로 결심한 첫날, 이미 그의 말이 응답받았다는 사실을 아는가? 이 기도 응답을 사탄이 방해한 것이다.

실제로 복음 가진 자의 기도는 엄청난 영적 전투와도 같다. 때문에 기도를 통해 하늘의 크고 풍성한 은혜를 누리지 못하도록 유혹하는 세상의 악한 것으로부터 자신을 지키는 것이 아주 중요하다. 사탄의 교묘한 전략을 간파했다면 인내로 언약의 말씀을 부여잡고 끝까지 포기 말고 기도하라. 그리하여 하나님의 응답을 당신의 것으로 누리는 기쁨을 맛보아라.

사탄은 지금도 교묘하게 불신앙의 가라지를 우리 생각 속에 집어넣어 기도의 무릎 꿇는 시간을 빼앗아 간다. 할 수 있는 한 우리가 기도의 은밀한 축복으로 들어가 하나님과 친밀한 사랑의 표현을 나누는 시간을 필사적으로 방해한다. "도대체 기도 응답이란 게 있기나 한 거냐? 기도해서 무슨 소용이 있단 말이냐고! 그럴 바에야 차라리 좀 더 현실적인 방안을 찾는 게 더 현명하다는 사실을 왜 모르는가!"라고 비아냥거린다. 하나님은 분명 당신 편에 서서 당신의 생각과 마음을 악한 영으로부터 지킬 것이라 약속하셨다.

때론 우리를 둘러싸고 있는 환경이 기도를 방해하기도 한다. 복음을 막는 가족, 친지, 우상을 숭배하는 주위 환경, 부흥되지 않는 교회의 모습, 열악한 삶의 환경이 종종 우리의 눈을 가려 기도의 힘을 빼앗아 갈 때가 있다.

사도행전을 보면 전도자 바울이 전도 현장에서 악한 영적 환경이 한 지역과 개인을 사로잡아 기도와 말씀사역을 방해하고 있는 것을 보고 심히 분하고 괴로워했음이 기록되어 있다. 바예수라는 유대인 거짓 선지자 마술사는 총독과 함께 있으면서 그에게 악한 영향력을 끼치던 자였는데, 총독이 바울 일행을 보고 하나님의 말씀을 듣고자 했지만 그들을 대적하여 총독으로 믿지 못하도록 극도로 방해했다. 그러나 성령 충만을 힘입은 바울의 기도 때문에 마술사는 오히려 맹인이 되었고, 총독은 예수를 믿고 주의 가르치심을 받는 놀라운 일이 일어났다[행 13장].

또 빌립보 지역에서는 악한 영에 사로잡혀 점을 치던 귀신들린 여종이 바울 일행을 따라다니며 여러 날 괴롭히는 사건이 있었는데, 결국 참다못한 바울이 "예수 그리스도의 이름으로 내가 네게 명하노니 그에게서 나오라"고 명령하자 귀신이 즉시 나오는 역사가 일어나기도 했다[행 16장]. 환경의 벽도 복음 가진 자의 기도 앞에서 무력화되고 만다.

당신이 소유하고 있는 복음의 엄청난 비밀을 되새겨 보라. 그 비밀을 가지고 환경의 벽을 무너뜨려라. 마라와 같이 먹지 못할 쓴 물이 있는 곳을 변화시키는 힘이 우리 하나님께 있다. 당신은 하나님이 주신 기도의 권세로 능히 환경을 뛰어넘을 수 있다. 그리고 실상 하나님의 자녀에게 주어진 환경은 지나고 보면 미래를 위한 훌륭한 발판이요, 응답이라는 사실을 깨닫게 될 것이다. 구원받은 하나님의 자녀가 기도의 비밀을 알면 모든 문제는 끝난다. 이 사실을 모르기에 방해자에게 속고 괴로움과 시달림의 문제 가운데 헤매고 고통받는 것이다.

자, 이제 당신의 발목을 움켜잡고 있는 방해꾼들의 공작을 눈치챘다면 당신은 실제적인 기도의 비밀을 누릴 준비가 되었다. 기도는 당신이 생각하는 것보다 훨씬 경이로운 영적 세계의 풍성함을 보여줄 것이라는 사실을 기대하라.

°기도 뒤, 숨겨진 영적 비밀

아프리카 오지에서 사역하시던 선교사 한 분이 어둑해질 무렵 관공서에서 한 달 생활비를 받아 오던 길에 일어난 일이다. 나무 그늘에 앉아 잠시 목을 축이고 있는데 느닷없이 강도 둘이 들이닥쳤다. 생명의 위협을 느낀 선교사는 대항하지 않고 순순히 그날 받은 생활비 전체를 강도에게 넘겨주었다.

그런데 그날 밤, 누군가가 그의 집 문을 쾅쾅 두드리는 것이었다. 이게 웬일인가. 자신의 돈을 몽땅 빼앗아 간 강도 두 사람이 문 앞에서 벌벌 떨고 있는 것이 아닌가. 선교사를 보자마자 그들은 두려움에 잔뜩 사로잡힌 채 덥석 무릎을 꿇고 빌었다.

"선교사님, 정말 잘못했습니다. 훔쳐 갔던 돈을 전부 가지고 왔으니 용서해 주세요."

"아니, 어찌 된 일입니까?"

"아무것도 묻지 말고 제발 용서부터 해 주세요."

"예, 용서하는 건 어렵지 않습니다. 대신 예수님을 믿으셔야 합니다."

"예, 예수님을 믿고 싶습니다. 어떻게 하면 됩니까?"

선교사는 복음을 전했고 그들은 예수님을 영접했다. 선교사는 일의 자초지종을 물었다.

"실은 선교사님의 돈을 빼앗아 오는데 총을 든 무시무시한 군인 열 명이 계속 따라오는 게 아닙니까. 이리 가면 이리로, 저리 가면 저리로……. 정말 무서워서 죽을 뻔 했어요. 돈을 돌려주면 따라오지 않겠다고 해서 부랴부랴 선교사님 댁을 찾아오게 된 겁니다."

"그럴 리가 있나요? 참 이상하네요."

선교사는 그 상황이 도무지 이해되지 않았다. 그런데 한참 후에 한국에 돌아와 선교보고를 하는 날, 깨달음이 왔다고 한다. 자신이 강도를 만난 바로 그 시간은 자신을 위해 구성된 한국의 중보기도 팀이 간절히 기도를 드리던 시간과 정확히 일치했다! 그때야 그는 비로소 모든 상황이 이해되기 시작했다고 한다.

실제로 어떤 장로님은 선거철에 식사할 시간이 없을 정도로 바쁜 일정을 소화하고 있었는데, 이를 안쓰럽게 여긴 부인이 어느 날 잠자는 아이들을 깨워 남편을 위해 간절히 기도했다고 한다. 그런데 조금 후에 남편에게서 전화가 걸려왔다. 교통사고가 나서 상대방 운전사도 죽고, 자신이 탄 택시 운전사도 죽었는데 자신은 다친 곳이 한 군데도 없다는 것이었다. 기도하던 바로 그 시간에 일어난 일이었다. 나는 선교사님과 장로님의 간증이 단순한 것이라 생각하지 않는다. 성경의 중요한 곳마다 천사들의 활동이 명백히 나타나고 있기 때문이다. 주님은 모든 위기의 순간에 그의 자녀를 품에 품으시고 능력의 팔로 붙드신다. 지금도 성령께서 함께하신다는 사실을 믿고 기도하는 순간, 하나님은 주의 사자를 우리 앞서 보내어 역사하신다.

아브라함은 천사의 방문을 받고 그들에게서 큰 축복의 말과 함께 장차 될 미래의 일을 자세히 전해 들었다. 형을 피해 도망가다 지쳐 잠든 야곱은 꿈에 천사들이 사닥다리를 타고 오르락내리락하는 광경을 보고 하나님의 놀라운 말씀을 언약으로 받게 된다. 이스라엘 백성 역시 앞서 지키는 주의 사자의 도움 덕에 바로와 마병들로부터 완벽한 보호를 받았다. 히스기야 왕의 기도에 응답하신 하나님을 보라. 여호와의 사자가 치자 앗수르 군사 십팔만 오천 명이 하룻밤 새 전멸하고 말았다. 믿음의 용사 다니엘이 받은 응답은 또 어떠한가? 굶주린 사자굴 속에서 털끝 하나 상하지 않은 채 저 바벨론의 다리오 왕 앞에서 "나의 하나님이 이미 그의 천사를 보내어 사자들의 입을 봉하셨으므로……"라고 당당히 믿음을 고백했다.

신약성경에 나타난 천사의 활동을 보라. 옥에 갇힌 베드로는 성도들의 간절한 기도에 힘입어 천사의 도움으로 풀려났고, 전도자를 핍박하고 하나님께 영광을 돌리지 않은 헤롯 왕은 "주의 사자가 곧 치니" 벌레에게 먹혀 죽고 말았다. 14일간의 끔찍한 풍랑 가운데 죽음의 위기를 맞게 된 바울의 간절한 기도에 하나님은 그의 사자를 보내어 구원의 메시지를 전하셨다. "바울아 두려워 말라 네가 가이사 앞에 서야 하겠고 또 하나님께서 너와 함께 항해하는 자를 다 네게 주셨다 하였으니"행 27:24 놀랍게도 바울이 그 말씀을 받은 후에 풍랑이 멎었다.

뿐만 아니다. 이보다 더 큰 축복, 더 중요한 응답이 있다. 구원받은 자의 기도에 응답하시는 성령의 역사가 바로 그것이다. 구약의 대표적 응답의 사람 요셉은 하나님이 함께하시는 임마누엘의 비밀로 일평생 언약의 여정을 걸어갔다. 그는 여호와께서 함께하심으로 형통한 자가 되었고, 불신자인 바로 왕조차 탄복할 정도로 하나님의 영으로 충만했다. 이스라엘 최고의 왕으로 일컬어지는 다윗 역시 사무엘로부터 기름 부음을 받은 이후 여호와의 영에 크게 감동되어삼상 16:13 하나님이 함께하시는 힘으로 모든 난관을 거침없이 돌파해 나갔다.

예수님께서는 승천하시기 전 "오직 성령이 너희에게 임하시면 너희가 권능을 받고 예루살렘과 온 유대와 사마리아와 땅 끝까지 이르러 내 증인이 되리라"행 1:8는 언약을 선포하셨다. 주님의 약속을 부여잡고 죽음조차 불사하며 마가의 다락방에 모여 기도한 초대교회 120여 성도는 그 말씀대로 오순절 마가다락방에서 성령의 충만한 은혜를 체험하게 된다.

전능하신 주님이 우리와 함께 계시다니, 이 얼마나 기적 같은 일인가. 그로부터 지금까지 성령께서는 구원받은 모든 이들과 함께하시며 친히 하나님의 일을 이루고 계신다. 성령께서 전도자 빌립과 복음 받을 에디오피아 내시와의 만남을 인도하신 것을 보라. "주의 사자가 빌립에게 말하여 이르되……"행 8:26 "성령이 빌립더러 이르시되……"행 8:29 "주의 영이 빌립을 이끌어 간지라"행 8:39

우리가 기도할 때 예수 그리스도의 이름으로 기도하면 반드시 응답이 오고, 눈에 보이지 않지만 성령께서 역사하신다. 혹 병든 부분이 있다면 예수 그리스도의 이름으로 질병이 떠나가도록 믿음으로 선포해 보라. 지금껏 알게 모르게 시달림과 고통을 주었던 가문의 영적인 문제와 실패, 저주의 세력이 무너지도록 예수의 이름으로 명령해 보라. 예수, 그 이름에 능력이 있기에 반드시 역사가 일어난다.

하나님은 영적인 사실을 믿고 언약 잡고 도전하는 당신에게 이 비밀을 허락하셨다. '이 영적 사실을 믿는다면!' 당신 역시 어디서든 천사의 도움을 받고 성령의 충만한 은혜를 기도로 누릴 수 있다. 기도를 통해 모든 만남과 일, 관계를 통해 역사하는 어둠의 세력을 예수 그리스도의 이름으로 제압하는 권세까지 부여받았다.

하나님이 성령으로 함께하시면 염려할 필요가 없다. 때로 두려움이 엄습해도 괜찮다. 문제가 와도 겁낼 필요 없다. 만약 당신이 평상시에 이 비밀을 누린다면 단언컨대 굳이 기도하려 애쓰지 않아도 된다. 예수 그리스도를 영접한 순간, 우리는 이미 모든 축복을 응답으로 받았고, 기도하든 하지 않든 우리 안에 계신 성령님은 결코 우리를 떠나지 않기 때문이다. 이 영적인 비밀이 바로 기도의 핵이다. 이 비밀을 가지고 기도에 도전하면 반드시 사실적인 응답을 받게 된다. 이는 마치 사실의 영역을 다루는 과학의 법칙과도 유사하다. 그렇기에 난 기도를 물질과 과학, 이성을 초월한 영적인 과학이라 자부한다.

비행기가 목적지에 도착하려면 하늘의 길을 따라가야 한다. 지상의 일정 지역마다 설치된 VOR전 방향 초단파 무선표지:하늘의 등대이라는 무선시설에서 발사된 전파를 받아 그 주파수대로만 가면 목적지까지 안전하게 도착할 수 있다. 마찬가지로 하나님의 자녀인 우리가 하나님이 원하시는 길로 가려면 성령이 인도하시는 대로 하나님의 뜻에 방향을 맞추어 가야 한다. 세상은 생각만큼 간단하지 않다. 성령 충만한 힘으로 자신과 세상, 흑암의 세력과 승부하라. 영적인 힘이 없으면 거대한 흑암 조직과 나약한 육신을 제어할 수 없게 된다. 예수가 그리스도라는 결론을 가지고 복음으로 기도를 누려라. 얼마나 성령 충만한가에 따라 당신의 삶은 확연히 달라진다. 성령 충만할 때라야 주님의 증인으로 굳건히 설 수 있게 되는 것이다.

prayer   schedule

기도는 하루 가운데 가장 좋은 시간에 자신에게 맞는 방법으로, 편안
하게 하면 좋다. 일 중심으로 하루 일과를 맞추기보다, 기도시간을 정
해놓고 그 시간을 중심으로 하루를 설계하고 진행해나가는 것은 아주
지혜로운 방법이다.

*

04 은혜의 통로, 언약기도

기도를 하는 가장 쉬운 방법은 뭘까? 기도는 하루 가운데 가장 좋은 시간에 자신에게 맞는 방법으로, 편안하게 하면 좋다. 일 중심으로 하루를 맞추기보다, 기도시간을 정해놓고 그 시간을 중심으로 하루를 설계하고 진행해나가는 것은 아주 지혜로운 방법이다.

하루에 단 한 번이라도, 그것이 부담스러우면 일주일에 한 번이라도 가장 편한 시간에 기도하기로 결심을 굳혀 보라. 혹, 매 순간을 기도로 연결하면 어떨까? 친구와 대화를 하면서도, 설거지나 청소를 하면서도, 복잡한 지하철이나 버스 안에서, 혹은 중요한 회의 자리나 귀한 분과의 만남 속에서도 우리는 은밀히 기도의 꽃을 피울 수 있다.

생각만 잘해도 기도는 쉬워진다. 당장 내일 중요한 일이 예정되어 있다면 바로 오늘부터 이 아름다운 결심을 실행에 옮겨 보라. 말씀의 능력이 당신의 삶을 잔잔히 변화시켜나가는 것을 경험하게 될 것이다. 기도는 아름다운 꿈을 꾸는 시간이다. 생활 속 단 10분이라도 기도하겠다는 생각을 품고 이를 실행에 옮긴다면 당신의 삶은 매일 조금씩 생명력 있는 모양으로 달콤하고 신선하게 물들어갈 것이다.

°그 중요한 기도, 어떻게 할까?

평상시에 난 다른 사람이 하지 않는 것, 두 가지를 지속하고 있다. 바로

긴 호흡과 이를 통한 기도이다. 의학적으로도 증명되었듯 긴 호흡은 건강에 아주 좋다. 보통 사람은 2, 3초에 1회, 가슴으로 숨을 쉬는 자연호흡을 하지만 체내에서 요구하는 산소공급을 100퍼센트 충족시키지는 못한다. 이에 비해 긴 호흡을 하게 되면 자연호흡보다 6, 7배 이상 호흡량이 증가하여 폐 전체, 폐포까지 충분히 산소가 공급되어 혈액순환도 좋아지고 신진대사가 원활해져 건강에 큰 도움이 된다. 그래서 숨을 깊이 내뱉고 들이쉰 후 잠깐 멈추고 다시 깊이 내뱉는 깊은 호흡은 내가 가장 자신하는 건강법이다.

그리고 거의 24시간 긴 호흡을 하면서 24시간 정해진 기도를 계속해 나간다. 놀라운 것은 그 속에서 깊은 깨달음과 응답이 지속해서 온다는 사실이다. 복음과 전도, 선교, 세계복음화라는 놀라운 축복을 깊은 기도를 통해 실제로 내가 먼저 누리는 그 벅찬 기쁨을 어디에 견줄 수 있겠는가. 이것이 30년 이상 전국과 세계를 다니며 전도운동에 매진할 수 있었던 비밀이다.

그런 내게 기도의 멘토가 되어준 분이 바로 어머니였다. 어머니는 한번도 기도에 관한 멘토링을 해 준 적이 없지만 난 살아오면서 끊임없이 기도하는 어머니를 보았다. 중학교 1학년 때 아버지가 돌아가시고 사 남매를 먹여 살리기 위해 어머니는 극심한 가난과 싸워야 했다. 종일 일하고 와서는 자식들 저녁밥을 해서 먹이고, 내일 입을 옷을 준비해 놓고는 남들 다 자는 시간에 무거운 몸을 이끌고 교회로 가서 밤새도록 기도하셨다. 거의 하루도 빠짐없이. 어려움을 견디지 못하고 청소년 시기를 방황하며 보내던 나는 어머니의 그런 모습이 이해되지 않았다.

"어머니, 잠 좀 주무세요. 잠도 안 자고 기도하는 건 진짜 어리석은 일입니다. 그렇게 기도해도 하나님이 응답이나 해 주세요? 응답된 게 없잖아요. 보이지도 않는 하나님께 무슨 기돕니까?"

어머니는 철없이 내지르는 아들의 반항기 어린 타박에도 아랑곳하지 않고 양 무릎이 시퍼렇게 멍이 들 정도로 나를 위해 기도하고 또 기도하셨다. 나중에서야 알게 되었다. 그 힘이 모든 어려움을 무사히 통과하게 했다는 것을.

어느 날 하나님의 은혜가 내게 임했고 나도 어머니가 누렸던 기도의 엄청난 비밀을 알게 되었다. 다른 사람은 너무 바빠서 기도할 시간이 없다지만 복음을 깨닫고 전도운동에 매진하는 요즘 난 너무 응답이 많이 와서 눈코 뜰 새 없이 바쁘다. 간혹 '하나님, 왜 저는 이렇게 바쁩니까?'라고 볼멘소리로 물어보면 하나님이 내게 일침을 가하신다. 너는 어렸을 때 너무 많이 놀아서 응답도 한목에 주는 거라고.

혼자 있는 시간에 영적인 힘을 얻고 고요한 중에 하나님의 말씀을 깊이 묵상하며 기도의 뿌리를 내리는 시간의 소중함을 아는가? 어떤 문제와 환경도 뛰어넘을 수 있고, 사방으로 우겨 싸임을 당해도 싸이지 않는 놀라운 힘이 생겨난다. 이것이 바로 성령 충만이다. 홀로 예배를 드리는 중에, 하루에 몇 차례 시간을 정해놓고 드리는 정시기도는 자신을 복음 안에서 확립시키기에 더할 나위 없이 좋은 시간이다.

"하나님, 지금 이 시간 주의 성령께서 내 영혼과 마음, 생각, 오장육부와 내가 가야 할 현장, 전 세계 현장에 충만히 역사해 주옵소서. 이를 위해 나에게 영적인 힘을 주시고 세계복음화할 제자들과 성경에서 말씀하고 있는 전도의 실제적인 응답이 현장에 성취되게 하소서."

이 기도는 하나님이 주시는 다섯 가지 힘인 영력, 지력, 체력, 경제력, 인력 가운데 영력을 구하는 기도이다. 지력을 위해서는 아브라함과 초대교회를 도왔던 천사를 지금 내게 보내어 나로 깨닫게 해 달라는 기도를, 체력을 위해서는 세계복음화를 위해 건강을 돕는 주의 천사를 보내달라고 간구한다. 경제력을 위해서는 복음운동과 후대를 돕기 위한 물질의 축복을, 인력을 위해서는 복음으로 충만한 제자들과의 만남을 허락해 달라고 기도드린다. 이 각각의 테마가 '한 호흡'이다. 그리고 반드시 매 기도의 마지막에는 하나님이 주신 권세를 사용한다.

"예수 그리스도의 이름으로 명하노니 모든 가난의 세력은 떠나갈지어다. 모든 질병은 사라질지어다. 하나님의 말씀을 깨닫지 못하게 방해하는 무지의 마귀, 흑암의 세력은 예수 그리스도의 이름으로 명령하노니 떠나갈지어다. 복음에 방해되는 모든 어둠의 세력은 예수 그리스도의 이름으로 명령한다. 지금 즉시 결박될지어다."

이 기도를 1분간 할 때도 있고 시간과 장소가 허락되면 한 시간 동안 말씀을 깊이 묵상하면서 지속할 때도 있다. 차를 타고 이동하면서도, 비행기를 타고 가면서도 기도한다. 다른 사람이 볼 때는 가만히 앉아 있는 것처럼 보이지만 나는 호흡을 통해 묵상하면서 하나님과 깊은 교제의 시간을 누린다. 이때 머리와 가슴이 전 세계 현장에 닿아 있다. 어떤 사람은 90년을 살면서도 단 한 번도 시도해보지 못한 일이다. 만약 이 언약 기도의 비밀을 깨달은 사람들이 릴레이로, 혹은 팀을 구성해 지속해서 함께 기도하고, 각각의 처소에 흩어져 있던 이들이 주일 예배나 철야 예배 때 함께 모여 기도한다면 깜짝 놀랄 일이 일어날 것이다.

혹, 우울증으로 고생하고 있는가? 영적으로 큰 어려움 가운데 시달리고 있는가? 해결 못 할 근심 걱정으로 마음이 답답하고 고통스러운가? 문제를 붙잡지 말고 살아 있는 하나님의 말씀을 굳게 붙잡고 기도의 깊은 비밀 속으로 들어가라. 너무나 많은 사람이 기도시간에 하나님의 말씀은 제쳐 둔 채 오직 자신의 상처와 힘듦, 인간적 아픔과 고통만 묵상하고 있다. 살아 계신 하나님이 친히 성령으로 당신의 깊은 곳을 치유하시도록 그분께 내어 드려라. 상처를 붙잡지 말고 언약을 붙들어라! 응답이 없다고 조급하게 생각 말고 한 달이든, 일 년이든 지속해서 응답될 때까지 기도하라. 하나님께 성령 충만을 구하고 성령 충만의 비밀을 지속하라.

내 인생 최고의 선물

중요한 일을 맡은 사람일수록 반드시 홀로 하나님과 대면하는 영적 교제의 시간을 가져야 한다. 평상시에 야간 체질인 사람은 밤에, 새벽 체질인 사람은 아침 일찍, 하루 중 가장 좋은 시간에 기도를 시작하면 된다. 정시기도의 비밀을 맛본 후에는 24시간 하나님과 함께하는 무시기도의 축복을 맛보길 권한다. 무시기도를 지속하면 중요한 판단과 결정을 내려야할 수많은 순간에 다른 사람이 못 보는 것을 보게 되는 눈이 열린다. 그래서 바울은 "모든 기도와 간구를 하되 항상 성령 안에서 기도하고"엡 6:18라는 말씀으로 우리를 권면한다.

하나님이 함께하시면 아무것도 문제 될 것이 없다. 당신이 처한 그 어느 곳이라도 좋다. 링컨은 백악관을 기도실로 만들었고, 일생 15만 명의 고아를 돌본 조지 뮬러는 끊임없는 기도를 통해 5만 번 이상의 응답을 누렸다. 현장 변화의 원동력은 언약 가진 전도자, 당신이 드리는 쉼 없는 기도의 힘에서 비롯된다.

°묵상黙想과 24시 기도

"내가 나의 침상에서 주를 기억하며 새벽에 주의 말씀을 작은 소리로 읊조릴 때에 하오리니 주는 나의 도움이 되셨음이라"시 63:6~7

"내 입의 말과 마음의 묵상이 주님 앞에 열납되기를 원하나이다"시 19:14

다윗은 어디서건 늘 묵상의 기쁨을 누렸다. 살아 있는 하나님의 말씀을 깊이 생각하면서 믿음으로 곱씹어 나가는 행위가 묵상이다. 말씀을 깊이 묵상할 때 성령의 은혜로 그 말씀이 가슴으로 내려오고, 생각을 지배하며, 영혼에 깊이 뿌리내려, 우리의 행동까지 주장하게 된다.

실제로 우리가 묵상할 때 하나님이 인간을 창조하셨을 당시의 축복과 응답이 회복된다는 사실을 아는가? 우리도 모르는 새 영적 기능이 상승하고 신경세포가 힘을 얻고 살아난다. 굳이 바른 자세를 하고 무릎을 꿇고 묵상할 필요는 없다. 고요한 강가를 거닐면서, 가볍게 산책하거나 산을 오르면서, 혹은 이삭처럼 들에 나가 묵상한들 어떠한가?창 24:63 가장 행복한 시간을 하늘로부터 오는 성령의 충만한 은혜를 입는 묵상의 시간으로 만들면 된다.

설교 중에 내가 가장 많이 강조하는 것이 예수 그리스도 다음으로 기도이다. 예수 생명, 예수 능력이 있어도 기도하지 않으면 받은 응답을 모르기 때문이다. 하나님의 말씀을 깊이 묵상하며 기도하다 보면 하나님께서 모든 것을 그분의 뜻대로 인도하시는 것을 알게 된다. 말씀의 인도를 받으려 기도만 했는데 모든 것이 유익 되게 돌아가는 것을 체험하게 된다. 하나님의 방법은 우리와 달라서 풍성한 은혜를 주어 사람을 살린다. 그래서 하나님 앞에서는 인간적인 수단을 쓰는 만큼 손해이다. 모든 일을 하나님께 의뢰하고 조금 더디더라도 그분의 뜻이 이뤄지기를 기다리는 것이 가장 지혜롭다. 하나님께서 하시면 아무리 독한 사람이라도 꺾이고, 아무리 유약한 사람이라도 강해진다. 이것이 말씀과 기도의 힘이다.

우리가 기도하려 나아갈 때 하나님은 가장 적절한 말씀을 우리에게 주신다. 하나님의 말씀은 살았고 운동력이 있어 혼, 영, 관절, 골수까지 찔러 쪼개고, 좌우에 날선 검보다 예리하여 무엇이든 걸려들지 않는 것이 없다. 성경의 어느 부분을 읽더라도 우리의 심중에 부딪혀 오는 이유가 그 때문이다. 또한 디모데후서 3장 16절에는 모든 성경은 하나님의 감동으로 기록되었다고 말씀하고 있다. 이 말씀의 원뜻은 하나님의 입김, 곧 하나님의 호흡으로 기록되었다는 것이다. 사람을 통해 기록되었지만 글자 하나하나에 하나님의 호흡이 들어가 있다. 우리가 혹 말씀을 해석하다 오류가 있을지 몰라도 말씀에는 단 한 치의 오류도 없다. 성경 말씀을 묵상할 때 하나님께서는 내 생각뿐 아니라 모든 감각을 조절하신다. 말씀을 읽고 기도한다는 것을 주님이 보고 계시기에 성경을 펴는 것까지도 세밀하게 간섭하신다. 읽는 것까지 주장하시고, 이해하는 것까지 친히 인도하신다. 그야말로 완전하게 인도하시는 것이다.

말씀을 읽고 몇 마디 암송하는 것보다 더 중요한 것은 말씀을 붙잡고 말씀 안에 녹아들면서 기도하는 것이다. 늘 성경을 보며 성경 말씀을 붙잡고 기도하는 사람은 성경 말씀을 읽어 나가다가 하나님께서 주시는 말씀이 실제로 너무나 적절하게 부딪쳐 온다는 것을 알고 깜짝 놀랄 것이다. 어떤 면에서는 창세기부터 요한계시록까지 '하나님의 능력', '생명과 예수 그리스도'와 같은 주제를 정해 놓고 묵상하면, 성경 어디를 펴든 그와 같은 관점으로 말씀을 읽을 수 있다. 중대한 사건이 벌어졌을 때는 다른 방법을 찾지 말고 성경을 묵상하면, 거기 해답이 있다.

예수님이 그리스도요, 인생 모든 문제의 해결자라는 사실을 믿음으로 고백하며 깊이 묵상해보라. 혹 당신을 사로잡고 있는 문제가 해결되지 않을 수도 있다. 하지만 그 문제 자체가 하나님의 자녀인 당신을 이길 수 없다는 사실을 기억해야 한다. 바울에게 있는 질병이 깊은 기도 속에서 하나님과 동행한 바울을 삼킬 수 없었다. 사탄의 가시가 당신을 괴롭게 해도 당신 안에 있는 성령의 능력을 결코 이길 수 없고, 기도하는 자에게 이와 같은 것이 실은 전혀 문제가 되지 않는다. 하나님의 자녀가 깊은 기도를 통해 임마누엘의 비밀을 누릴 때 우리 자신뿐 아니라 주위에 있는 악조건은 결코 우리를 삼키지 못한다는 사실을 알라.

전도운동을 시작하던 초창기에 큰 어려움을 당할 때가 있었다. 그때 노트를 한 권 사서는 하나님 앞에서 내가 가장 하고 싶은 것, 하나님이 가장 필요하다고 생각되는 것을 서른두 가지 정도 기록하고 깊이 묵상하며 기도했다. 세월이 지나 확인해보니 놀랍게도 하나도 빠짐없이 응답된 것을 확인할 수 있었다. 이럴 줄 알았으면 300가지 정도 쓸 걸 그랬지, 하고 후회한 적이 있다. 만약 당신에게 큰 문제나 위기 같이 자신을 변화시켜야 할 특별한 일이 생겼다면 깊이 기도하는 기회로 삼아라. 하나님이 문제를 주신 이유는 답을 주시기 위함이다.

하나님은 이스라엘 민족이 고통 중에 드린 기도를 들으시고 그들을 애굽의 압제에서 해방하셨으며, 다윗이 죽음에 내몰린 채 드렸던 갈급한 기도에 귀를 기울이고 응답하셨다. 히스기야 왕은 인간의 모든 조건을 내어버리고 엎드려 기도하여 응답을 얻었고, 복음 전하다 옥에 갇힌 베드로는 주의 사자의 도움으로 풀림을 받게 되었다. "너는 내게 부르짖으라 내가 네게 응답하겠고 네가 알지 못하는 크고 은밀한 일을 네게 보이리라"렘 33:3 시위대 뜰에 갇혀 있던 예레미야가 거짓 선지자와 왕을 이긴 비밀은 하나님이 주신 기도의 능력이었다.

어떤 이는 "위급한데 기도만 해서 되겠는가, 사람이 할 일을 해야지."라고 말한다. 하지만 그건 진짜 모르는 소리다. 기도하는 것과 사람이 할 일이 구분된 것이 아니다. 하나님은 기도 안에서 우리가 할 일을 깨닫게 해주신다. 기도 밖에서 열심을 내어 일하는 것은 하나님을 믿지 않는 이들이 하는 일이다. 기도 안에서 하나님의 일을 해야 참된 성공을 이룰 수 있고, 기도 안에서 믿음을 고백할 때 하나님의 뜻이 이루어진다.

기도 속에서 모든 것이 나온다는 사실을 명심하라. 하나님을 움직이는 것, 하나님의 손이 일하게 하는 것이 바로 기도이다. 주님의 안식과 능력, 주님의 응답을 누리는 길이 바로 기도이다. 개인이 정해진 시간에 기도 제목을 가지고 하나님 앞에 엎드리는 정시기도 시간에, 모든 사건과 현장 속에서 무시로 기도하는 무시기도 시간에, 함께 모여 합심해서 기도할 때, 한적한 곳에 가서 특별한 제목을 가지고 기도할 때 전능자의 역사로 사탄의 세력이 궤멸하고 하나님의 뜻과 계획이 이루어진다.

우리가 기도할 때 하나님은 주로 세 가지 방법으로 응답하신다. 기도한 즉시 응답하시기도 하고 조금 더디 응답하시기도 한다. 이때 속지 말 것은, 더디 오긴 해도 조금 늦어질 뿐 반드시 응답된다는 사실이다. 하나님은 선하시기 때문에 우리에게 필요 없는 것은 주시지 않는다. 자꾸 뭔가를 받아 챙기는 것만 응답으로 여기는 우리의 그릇된 관념이 하나님의 응답을 불신앙하게 만든다는 사실을 알아야 한다. 마지막으로, 우리는 이것을 달라고 간구했는데 하나님은 오히려 더 좋고 큰 것으로 응답하실 때도 있다. 그러나 분명한 사실은 언약의 말씀을 의지하여 기도한 것은 반드시 응답되어 온다는 사실이다. 모든 기도가 '오늘' 응답되란 법은 없지 않은가. 그러니 기도 응답이 없다고 초조해하고 낙심하지 말고 믿음을 가지고 기도를 지속해보라.

기도의 시작은 문제를 붙잡는 것이요. 기도의 끝은 24시 계속해서 기도하는 것이다. 여기서 24시란 우리가 흔히 말하는 시간적 개념으로서의 24

시를 말하는 것이 아니다. 우리의 모든 일, 가령 실수나 실패, 어려움, 고통, 한계 상황에서의 절망, 낙심, 기쁨, 감사, 행복, 비전까지 우리 삶 전체를 기도 속으로 집어넣는 것을 말한다. 게다가 우리의 감각, 예를 들어 보는 것, 말하는 것, 느끼는 것, 생각하는 것, 소통하는 것, 상대방과의 나눔까지 모조리 기도로 연결하는 것이 24시 기도의 핵심이다. 이 축복을 방해꾼에게 빼앗기지 않고 당신의 것으로 찾아 누리는 것이 기도의 비밀을 체험하는 비법이다.

칼뱅은 '기도에 실패하는 것은 신앙생활에 실패하는 것'이라 말했고, 앤드류 머레이는 '하나님의 자녀는 기도로 모든 것을 정복할 수 있다.'라고 선포했다. 기도는 모든 불가능을 가능케 한다. 유명한 화가는 그림 실력은 물론이거니와 다른 사람이 보지 못하는 것을 그려내고, 사진작가 역시 보통 사람들이 잡아내지 못하는 피사체를 렌즈에 담아낸다. 똑같이 일상을 지내면서도 시인은 다른 사람이 못 보는 것을 미려한 문장으로 엮어내어 읽는 이에게 감동을 선사한다. 소설가 역시 마찬가지다. 단순히 지나치는 사건 속에서도 그들은 숨겨진 모티브를 찾아내어 한편의 글로 완성해낸다. 오늘 당신이 걸어가는 현장 속에는 하나님의 숨겨진 응답이 가득하다. 그 축복을 하나님과 통하는 비밀, 기도로 찾아내어 누린다면 당신은 성공 시계를 돌리는 힘을 갖게 되는 것과 같다. 하나님과 함께하는 비밀로 형통한 삶을 누린 요셉처럼 말이다.

*

04 은혜의 통로, 언약기도

*

내 인생 최고의 선물

secret 비밀

오늘 당신이 걸어가는 현장 속에는 하나님의 숨겨진 응답이 가득하다.
그 축복을 하나님과 통하는 비밀, 기도로 찾아내어 누린다면
당신은 성공 시계를 돌리는 힘을 갖게 되는 것과 같다.

*

04 은혜의 통로, 언약기도

° 은혜의 통로를 활짝 열자

요셉이 신앙인의 큰 모델이 된 이유를 우리는 애굽의 왕, 바로의 말 속에서 찾을 수 있다.

"이와 같이 하나님의 영에 감동된 사람을 우리가 어찌 찾을 수 있으리요"창 41:38

불신자인 바로 왕이 요셉을 보고 성령 충만하다는 표현을 쓰며 극찬했다. 이는 요셉이 삶 속에서 승리한 비결을 단적으로 말해 준다. 성령의 충만을 받으면 요셉처럼 불신자에게도 인정받는 일이 일어난다. 하나님의 영인 성령에 감동하여 성경을 읽으면 자연스레 말씀이 깨달아지고 저절로 은혜가 된다. 성령의 감동 없이는 아무리 성경을 보아도 소멸할 지식만 논쟁하다 끝날 뿐이다. 성경 지식을 조금 배우는 것만으로는 세상을 이길 수 없다. 요셉처럼 성령의 감동을 받고, 하나님의 영에 사로잡혀야 한다. 이때 성령이 능력으로 역사하실 뿐 아니라 하나님이 우리에게 꼭 필요한 것을 공급해 주신다.

그렇다면 성령의 감동을 어떻게 받을 수 있을까? 기도를 통해 가능하다. 하나님 앞에 드리는 간절한 언약기도를 통해 하나님께 성령 충만을 간구할 수 있다. 성령의 감동을 받으면 핑계와 이론이 사라진다. 내 생각이 사라지고, 불평불만이 더 이상 나를 지배할 수 없게 된다. 성령 안에서 누리는 기쁨은 표현하지 못할 정도로 경이롭고 때론 기묘하기까지 하다.

아무리 고급 자동차라도 기름이 없으면 움직이지 못한다. 마찬가지로 교회가 아무리 완벽한 조직을 가지고 있다 해도 성령의 은혜를 받지 못하면 하나님이 쓰실 수 없다. 하나님의 영에 감동된 자는 세상이 감당치 못할 응답을 받게 되고, 하나님의 지혜로 충만하여 자신이 사는 현장을 살려내는 복음운동의 주역으로 서게 된다.

지금부터 생활 속에서 세 가지를 발견하라. 예배드릴 때나, 일을 할 때, 혹은 모든 만남 속에서 하나님의 역사를 볼 수 있어야 한다. 또한 살아 있는 하나님의 말씀이 자신의 심령에 부딪쳐 성취되는 것을 체험해야 한다. 이때 하나님께서는 현장의 전도문을 열어 주시는데, 직접적이든 간접적이든 전도운동이 일어나는 것을 체험해야 한다. 이 세 가지 사실을 누리며 늘 기도하고, 주일 예배 때 받은 말씀을 매일의 삶 속에서 기도로 연결시켜 나가라. 이때 상상치도 못 할 하나님의 응답을 목격하게 될 것이다.

우리가 영적인 힘을 얻을 때 자연스럽게 치유의 역사도 일어난다. 신체를 억누르는 질병, 마음의 무거운 짐, 고질적인 영적 문제, 자신도 모르게 깊이 팬 상처, 반복되는 영적 매너리즘에서 벗어날 수 있다. 복음 안에서 드리는 언약기도는 그 정도로 위력이 있다.

예전에 어떤 여자 분이 오랫동안 눌리고 시달리다가 교회에 왔는데 아무리 예배를 드리고 은혜를 받아도 도무지 나아지지 않았다. 그런데 어느 날 위기가 오고 말았다. 스스로 제어할 수 없을 정도로 이상한 행동을 하게 되고, 급기야는 정상적인 삶에서 이탈하는 일이 일어났다. 그동안 꼭꼭 숨겨왔던 문제가 드러나고 만 것이다. 그분에게 필요한 것은 단 하나, 복음 안에 있는 놀라운 축복을 가지고 도와주는 것이다. 그래서 집사님 한 분을 불러 부탁을 드렸다.

"집사님, 매일 가서서 그분을 도와주세요. 절대 시험에 들지도 말고, 포기도 하지 말고, 억지로도 하지 말고 주님의 사랑으로 보살펴 주세요. 그분은 이미 위기가 왔다는 사실을 알고 도망가려고 할 겁니다. 그래도 끝까지 말씀과 기도로 하나님의 능력을 선포하세요. 가서서 나을 때까지 오겠다고 말씀하세요. 그분도 그 말을 들을 테지만 하나님도 들으시고, 특히 그 사람을 붙잡고 있는 흑암 세력이 들을 겁니다. 분명히 이야기하세요."

예상했던 대로 그분은 집사님이 오는 것을 강하게 거부했다. 약속 시간에 창문을 열고 도망가는가 하면, 오지 말라며 악을 쓰기도 했다. 때론 거짓말까지 하며 교묘하게 피하려고 했다. 하지만 집사님의 끈기도 만만찮아 끝까지 그분을 사랑으로 섬기고 도와주었다. 결국 하나님의 은혜로 그분은 완전히 낫게 되었다. 그런데 놀랍게도 이를 늘 지켜보던 아들이 은혜를 받고 예수가 그리스도라는 인생의 해답을 발견하게 되는 일이 일어났다. 게다가 프랑스 유학까지 다녀온 꽤 유명한 요리사인 그녀의 남편도 아내에게 일어난 믿지 못할 성령의 역사를 보고는 큰 은혜를 받았다. 그분의 오빠 역시 동생이 치유된 것을 보고 교회에 등록해서 신앙생활을 착실히 하더니 장로 직분까지 받았다. 이렇게 치유가 불가능해 보였던 한 개인이 살아난 것이 모두를 살리는 문이 되었다. 하나님의 계획은 우리의 생각을 뛰어넘어 많은 이들이 하나님의 살아 계심을 보도록 은혜를 주신다.

내가 먼저 은혜 받으면 삶이 행복해진다. 하지만 내가 힘이 없으면 아무리 다른 사람을 도우려 해도 도와줄 수 없다. "하나님, 내 힘으로는 이 일을 할 수 없으니 성령의 능력으로 하게 하옵소서." 이제부터라도 성령의 능력을 의지하여 공부도 하고, 가정도 돌보고, 사업도, 목회도 시작해 보라. 예상치 못한 놀라운 변화가 일어날 것이다.

삶 속 은혜의 통로를 활짝 열어젖혀라. 예배와 깊은 묵상, 찬양과 기도를 통해 흘러나오는 생명의 향기가 삶의 영역 곳곳으로 퍼져 나가게 하라. 믿음의 선진들로부터 시작된 언약기도의 거룩한 무릎 꿇음은 시대와 세계의 역사를 바꾸었다. 모든 갈등과 증오, 상처, 불신앙, 대적의 문을 쳐부수고 이단의 세력으로부터 진리를 사수해나가는 비밀 통로가 되었다. 하나님은 이 일에 마음 쏟은 당신을 기뻐하시고 영원히 복 주길 원하신다. 바로 당신이 또 다른 하나님의 언약 전달자, 은혜의 통로이기에.

The Greatest Gift of God

praising God and enjoying the favor of all the people.
And the Lord added to their number daily those who were being saved.

Acts 2:47

5

하늘 보좌를 움직이는
살아있는 기도처,
현장

"하나님을 찬미하며 또 온 백성에게 칭송을 받으니

주께서 구원 받는 사람을

날마다 더하게 하시니라" 행 2:47

CONTENTS

하나님이 성령으로 함께하신다는 비밀을 믿는가. 그렇다면 당신도 더 멋지게 바뀔 수 있다.
당신이 변화되면 가족도, 직장도, 학교도, 교회도, 지역도 변화가 일어난다. 이것이 순리이다.
당신이 어디에 있든 바로 그곳에 하나님의 계획이 있다. 우리는 그곳을 현장이라 부른다.

˚ 운명이 궁금하세요?

"목사님, 점집을 안방 드나들듯 하던 이 친구가 하나님의 자녀가 됐지 뭐예요?"

미국 집회 중에 잘 아는 집사님 한 분이 자신의 친구인 듯 보이는 분과 함께 나를 찾아왔다. 그분이 들려준 얘기인즉 이랬다.

툭 하면 점쟁이를 찾아가서 운세를 물어보곤 하던 친구가 전화해서는 다짜고짜 점을 보러 가자며 통사정을 했다.

"50달러만 주면 기막히게 운명을 알아맞힌다니까! 아주 유명한 예언가래. 이 근방에선 모르는 사람이 없어. 과거도 싹 다 알아맞히고 미래까지 알려주니 보통 신통한 게 아냐. 암말 말고 나랑 같이 거기 한 번 가보자고, 얼른."

자기더러 교회에 가자는 말만 하지 말고 진짜 기가 막힌 곳이 있으니 딱 한 번만 같이 가 보자는 것이다. 처음 온 사람인데도 일단 손 한 번 잡고 나면 거울 들여다보듯 그 사람의 인생사를 족집게처럼 훤하게 알아맞힌단다. 게다가 어떤 문제도 이렇게 저렇게 하면 넘어설 수 있다며 그 방법까지 턱 하니 내놓는다니, 보통 사람들은 그 신통함에 반해 무릎을 꿇고 만다며 친구는 연방 감탄을 늘어놓았다고 했다. 그래서 집사님은 그 신통하다는 현장을 확인하러 친구와 함께 예언가의 집으로 갔다.

친구가 먼저 50달러를 내고 그의 앞에 앉았다. 잠시 후 점쟁이는 친구의 손을 잡고 한참을 골똘히 생각하더란다. 그리곤 마치 누군가가 말해 준 것처럼 친구의 과거사를 술술 읊었다. 심지어는 어제 일어난 일까지도 턱 하니 알아맞히더란다. 집사님도 짐짓 놀랐다고 한다.

'저러니 사람들이 혹할 수밖에……'

그런데 현장을 훤히 꿰고 있던 집사님의 마음속에 불현듯 담대함이 생겨났다.

'나도 50달러를 내고 점을 보겠어.'

그리고는 점쟁이를 향해 불쑥 손을 내밀었다고 한다. 헌데 희한한 일이 일어났다. 집사님의 손을 잡고 얼굴을 한 번 힐끗 쳐다보던 점쟁이가 사시나무 떨 듯 두 손을 벌벌 떠는 것이 아닌가. 누가 봐도 이상하다고 느낄 정도로 말이다. 급기야는 집사님의 손을 휙 뿌리치더니 50달러를 내

주면서 가라고 하더란다. 그의 행동이 짐작은 되었지만 집사님은 다시 손을 내밀면서 한 번 더 봐달라고 으름장을 놓았다.

"못 봅니다."

단호하게 거부하는 그를 향해 집사님은 오기가 나서 한마디 했다.

"아니, 이 친구 점도 봐 주는데 내 것은 왜 안 된다는 겁니까?"

그때 점쟁이의 입에서 놀라운 말이 흘러나왔다.

"당신은 아무 문제도 없어요. 운명에서 빠져나왔단 말입니다."

복음의 능력 앞에 그 친구는 놀람과 기이함이 교차된 표정을 짓더니 급기야는 예수님을 인생의 주인으로 영접했다. 이후 점 보는 일은 자연스레 그만두게 되었다고 한다. 예수 그리스도를 주인으로 모시고 사는 자는 이미 운명과 사주팔자, 자신을 끊임없이 괴롭히는 모든 영적 저주로부터 완전히 해방 받았다. 점쟁이도 알아보고 벌벌 떠는 신분이 된 것이다.

운명이 바뀌지 않으면 인생도 바뀌지 않는다. 예수 그리스도를 믿고 영접한 사람은 그 즉시로 신분이 바뀐다. 바로 이것이 절대 빠져나올 수 없는 인간의 어두운 운명을 바꾸는 유일한 길이다. 하나님의 능력 아니고는 사탄을 이길 수 없다. 그러니 하나님 자녀의 신분이 어느 정도로 위력 있는지 짐작할 수 있을 것이다. 당신 자신과 당신이 머무는 바로 그곳을 변화시키려면 변화된 신분으로 하나님을 바라보아야 한다. 그래야 힘을 얻어 뭐든 할 수 있다.

만약 이 힘을 빼앗겨 버리면 어찌 될까? 자신의 노력으로 어떻게든 풀어보려고 이리저리 꼼수를 쓸 게 분명하다. 이것이 그간 우리 몸에 밴 습관이고 체질이다. 그렇지 않으면 하나님을 믿지 않는 사람처럼 용한 점쟁이나 무당집을 찾아 기웃거리는 불쌍하고도 안타까운 삶을 살게 된다. 눈앞에 턱하니 와 있는 하늘 축복은 내팽개치고 거짓 음성에 자신의 미래를 내맡긴 채 심장 졸이며 살아가는 모습이라니.

하나님은 내가 처한 상황과 말 못할 마음의 근심을 이미 알고 계신다. 그리고 몇 날 며칠 고민하다 하나님을 등지고 세상 속에서 해답을 구하는 어리석은 모습조차도 사랑하신다. 믿어지지 않겠지만, 하나님은 당신을 향한 최상의 시나리오를 가지고 계신다. 그 주님 앞에 그 모습 그대로 나아오길 고대하신다. 그러니 신분과 권세를 망각하고 세상에 내둘린 채 이런저런 변명만 늘어놓는 삶에서 이제 벗어나라. 교회는 다녀도 주간 일정 소화하듯 교회 한구석을 차지하고 있다가 축도도 끝나기 전 부리나케 뛰쳐나오는 삶은 이제 그만둘 때도 되었다. 성경을 줄줄 꿰고 있어도 그 말씀이 현장에서 이루어진다는 사실만은 까마득히 놓쳐버리고 살아가는 삶과는 작별을 고하라. 하나님께 전적으로 내어 맡기면 하나님이 책임지신다.

예수님께서는 세상의 빛과 소금이 되라고 당부하셨다. 이것이 당신의 힘과 노력으로 되겠는가? 그래서 우리에게는 하나님과 통하는 비밀이 필요하다. 세상 사람들이 알지 못하는 힘이 샘솟는 것을 매번 경험해야 한다. 이 복음을 내가 누리는 것은 물론이고 세상 속에 전파해야 하기 때문이다. 하나님은 당신이 머물고 있는 바로 그곳에 가장 큰 계획을 가지고 계신다. 그러니 당신은 아무것도 염려 말고 구하기만 하면 된다. 하나님께서 당신이 누리고도 남을 축복과 은혜를 풍족히 주리라 약속하셨으므로.

° 점검! 그곳에 하나님이 함께하시는가?

성경 속 믿음의 주인공들이 받은 가장 큰 응답은 바로 현장에서 나타났다. 이 사실을 우리는 특히 유념해 보아야 한다. 그 모델적 사건으로 마가의 다락방에 모인 사람들을 예의주시하는 것은 큰 의미가 있다.

이들은 부활하신 예수님이 하늘로 올라가시기 전, 예루살렘을 떠나지 말고 아버지께서 약속하신 성령을 기다리라고 하신 말씀을 소중히 가슴에 담았다. 그리곤 한곳에 모여 전심으로 주님이 남기신 언약이 이루어지길 간구했다. 그날이 언제인지 아는 사람은 없었다. 하지만 약 백 이십 명이나 되는 성도들은 한 몸, 한마음으로 성령 강림 약속을 믿고 기다렸다. 하나님의 시간표는 정확한 날에 이르렀다. 오순절, 바로 그날은 전 세계에 흩어져 있던 유대인들이 축제를 지내기 위해 예루살렘에 머물러

있던 시기가 아니던가. 급하고 강한 바람 소리와 함께 성령이 각 사람 위에 임하였다. 성령님은 마치 바람처럼 눈에 보이지 않는 분이시다. 하지만 사람을 거듭나게 하고 새사람으로 변화시키는 유일한 능력을 가지셨다. 어둠을 말끔히 걷어내고 굳고 얼어버린 마음을 녹이는 분이시다. 불과 같이 임하셔서 우리 심령을 깨끗게 하신다.

자, 성령이 임하자 어떤 일이 일어났는가? 열다섯 나라에서 온 사람들이 그들의 모습을 보고 이 어찌 된 일이냐며 놀라고 당황했다. 어떤 사람들은 흥, 마치 술 취한 사람들 같군, 하며 조롱했다고 기록되어 있다. 제법 그럴싸한 표현이다. 착각이긴 하지만, 성령 충만하면 술 취한 것과 비슷한 현상이 나타난다. 말도 잘 못하던 사람이 술술 말도 잘하고, 자기 행동도 맘대로 안 되어 휘청거린다. 술기운 때문이다. 성령에 취하면 내 능력 아닌 하나님의 역사가 일어나기 시작한다. 성령 역사를 의지하고 나가면 아무도 막지 못하는 일이 일어난다.

그 증거로 저절로 열다섯 나라에 전도의 문이 열렸다. 믿으라고 강요하거나 소리친 것도 아닌데 성령 충만한 모습에 이끌려 자연적으로 사람들이 모여들었다. 그들을 향해 베드로가 소리 높여 복음을 선포했다. 요엘 선지자가 예언한 말씀이 성취되었다는 것과, 예수가 그리스도임을 당당히 외쳤다. 그의 설교를 듣고 마음에 찔린 자들이 물었다. 형제들아 우리가 어찌할꼬. 그날 그 자리에서 복음을 받고 세례를 받은 사람은 무려 삼천 명이나 되었다.

놀라운 일은 이때부터 일어났다. 집집마다, 현장마다 변화의 바람이 몰아치기 시작했다. 사도를 통해 예수 그리스도에 관해 전해 듣고 틈날 때마다 함께 모여 기도하기를 쉬지 않았다. 내 것 네 것 없이 서로 나누어 쓰고 가난한 사람을 기쁜 맘으로 구제했다. 날마다 한마음으로 성전에 모이고 자신의 현장에서 이 기쁜 소식을 전하기에 여념이 없었다.

하나님을 찬미하여 또 온 백성에게 칭송을 받으니 주께서 구원 받는 사람을 날마다 더하게 하시니라 행 2:47

초대교회 성도들에게 어떻게 이런 일이 가능했을까? 그들은 단순한 방법이나 이론에 젖어 있지 않았다. 사도들이 맹목적으로 개혁을 요구한 것도 아니었다. 그들이 본 것은 바로 근본根本이었다. 초대교회에서 시작된 전도 운동은 한 마디로 근본을 본 사람들의 사역이었던 것이다. 알다시피 초대교회는 이처럼 어마어마한 일에 쓰임 받을 조건이 전혀 갖추어지지 않았다. 그런데도 이들이 쓰임 받게 된 것은 '하나님이 원하시는 근본'과 정확하게 맞아떨어졌기 때문이다. 하나님이 보실 때 근본을 회복할 수 있는 가장 좋은 조건을 가진 사람들이 바로 이들이었던 것이다. 그렇다면 과연 그들은 무엇을 본 것일까? 지극히 가난하고 배운 것 없고,

배경 없는 초대교회 성도를 통해 성령의 큰 역사가 일어난 이유는 무엇일까? 성경에 근거해서 그 이유를 이해할 필요가 있다.

"데오빌로여 내가 먼저 쓴 글에는 무릇 예수께서 행하시며 가르치시기를 시작하심부터 그가 택하신 사도들에게 성령으로 명하시고 승천하신 날까지의 일을 기록하였노라"행 1:1

여기서 '먼저 쓴 글'이란 누가복음을 말한다. 누가복음의 주제는 예수가 그리스도라는 유일하고 절대적인 진리에 관한 것이다. 무자비한 핍박과 박해를 일삼던 바리새인들이 결코 발견하지 못했던 메시아, 그가 바로 예수시며 창세기 3장에서 시작된 인생 문제의 해결자, 사탄의 세력을 꺾을 주인공, 우리가 받아야 할 죄와 저주, 운명에서 해방시킬 구원자, 그가 와서 이 모든 문제를 해결하신 그리스도가 되셨으니 그 이름이 바로 예수시다, 라는 사실에 생의 결론을 내린 것이다. 눈에 안 보이게 성령으로 역사하시는 주님께서는 모든 문제를 해결하실 수 있다. 세상에서 능히 승리할 수 있도록 능력을 허락하실 수도 있다.

이것이 초대교회가 회복한 근본이다. 근본을 발견하면 흔들릴 이유가 없다. 어떤 핍박과 환란, 문제도 충분히 이겨낼 수 있다. 그리스도께서 이미 우리의 모든 문제를 다 끝내셨는데 그 문제 속에 빠져 두려워할 이유가 없잖은가. 이미 가문을 통해 역사하는 흑암의 세력, 집안을 뒤흔들던 사탄의 세력, 귀신의 모든 전략은 예수 그리스도의 십자가 보혈 앞에 완전히 끝장났다. 더 이상 흑암 세력과는 아무런 상관도 없고 걱정할 이유도 없다.

초대교회는 '예수가 그리스도'라는 언약의 복음을 회복하여 근본적인 축복과 변화를 불러일으킨 주역으로 쓰임 받았다. 성령의 능력으로 권능을 받고, 가는 곳마다 제자를 삼으며, 예수님의 이름으로 치유의 기적을 행하고, 다시 오실 재림주 되신 예수 그리스도의 언약에 방향 맞추어 일심으로 복음 전하는 일에 생을 드렸다. 바리새인들이 힘으로 누르면 되는 줄 알고 핍박했지만 오히려 순교한 자리에서 더 큰 역사가 일어났다. 하나님 앞에서 핍박은 아무런 소용이 없음을 알아야 한다. 하나님을 이길 자가 없기 때문이다.

근본을 알고 정상궤도에 올라서면 하나님의 축복이 훤하게 다 보이게 된다. 그러나 근본을 놓쳐버리면 우박도 맞고 비도 맞고 천둥 벼락 다 맞으며 고생할 수밖에 없다. 근본을 보지 못하면 어느 것이 서론인지 결론인지 분간이 되지 않는다. 잠깐의 어려움은 단지 과정일 뿐인데 그 과정을 분간하지 못해 무너지거나 시간을 빼앗기고 만다. 게다가 더 중요한 것은 미래까지 틀리게 보고 낙심하며 절망하게 된다는 사실이다.

하나님의 축복 받는 길은 의외로 간단하다. 하나님이 복 주시는 길에

서서 하나님이 필요로 하시는 일을 하면 모든 것이 축복의 문으로 바뀐다. 나중에는 가만히 앉아 기도만 하는데도 세계를 움직이는 기막힌 축복을 누릴 수 있다. 이쯤 되면 드디어 이 축복과 행복한 비밀을 타인에게 나누어주고 싶은 열망이 절로 생겨나게 된다. 곳곳마다 포럼의 향연이 벌어지기 시작하는 것이다.

° 저절로 되어지는 전도, 말씀, 기도 포럼

초대교회의 제자들은 모이기만 하면 저절로 전도 포럼과 말씀 포럼, 기도 포럼을 나누느라 흥겨웠다. 이 말은 현장에서 계속해서 전도의 역사, 말씀 성취의 역사, 기도 응답의 역사를 누리고 있었음을 드러내는 반가운 증거이다.

사도행전에 나타난 초대교회 성도들의 포럼 현장을 들여다보면 좀 더 확실히 알 수 있을 것이다. 여기 A라는 사람이 있다고 가정해 보자. 그는 죽음을 각오하고 마가의 다락방으로 찾아갔다. 헌데 그곳에서 무려 120여 명이나 되는 성도들이 모여 기도하는 것을 보게 된다. '나 말고도 예수님이 그리스도라는 유일한 언약을 가진 사람이 이토록 많이 있었다니!' 제자들과 함께 복음의 비밀을 나누는 그의 가슴에 행복감이 밀려들지 않았겠는가.

당신이 어디에 있든 바로 그곳에 하나님의 계획이 있다

우리는 그곳을 현장이라 부른다

오순절 날, 성령이 임하는 현장을 본 A는 이렇게 말했다.

"와우, 내가 마가 다락방에 가 봤는데 어떻게 이럴 수 있지? 그날은 오순절이라 성령이 충만히 임하는데 사람들이 각기 다른 나라 말로 방언을 하기 시작했어. 때마침 오순절이라 천하 각국에서 온 열다섯 나라의 사람들이 마침 자기 나라말로 제자들이 말하는 것을 보고 신기해했지. 그때 베드로가 구원의 복음을 소리 높여 전했는데 무려 삼천 명이나 되는 사람이 회개하고 세례를 받았지 뭐야. 예수님을 믿게 된 그 사람들이 자기 나라로 돌아가면 어떤 일이 일어날까? 하나님의 방법은 참 오묘해."

게다가 어느 날인가는 자기가 잘 아는 성전 미문의 앉은뱅이가 일어났다는 소문을 듣고 깜짝 놀랐다.

"에구, 아직도 가슴이 쿵쾅거리네. 이것 봐, 자네도 알지? 늘 성전 미문에 앉아 있던 앉은뱅이 말이야. 글쎄 베드로 사도가 나사렛 예수 그리스도의 이름을 선포했더니 벌떡 일어나 버렸지 뭐야? 자네도 얼른 가서 이 놀라운 광경을 보라고, 어서!"

날마다 마음을 같이하여 성전에 모여 오늘의 말씀, 오늘의 기도, 오늘의 전도 역사에 관해 포럼하고, 집에서 떡을 떼며 기쁨과 순전한 마음으로 음식을 먹고 하나님을 찬미하며 포럼하자 주께서 구원받는 사람을 날마다 더하게 하시는 증거를 주실 수밖에.

이 놀라운 포럼은 사도행전 전체를 통해 그리스도의 제자들이 있는 곳이면 어디서든 일어났고, 지금도 일어나고 있다. 마태, 마가, 누가, 요한이 예수 그리스도와 증인들의 행적을 기록하며 포럼 했던 것이 하나님의 귀중한 계획을 이루게 했다. 전도자 바울이 말씀, 기도, 전도를 통해 나온 포럼을 14권의 서신에 적어 보낸 것이 세계를 변화시키고 영원한 하나님의 계획을 이루는데 크게 쓰임 받았다.

그렇다면 구체적으로 이들이 전한 내용은 무엇이었나? 예수님의 3년 공생애 기간에 배운 것과 깨달은 것, 부활에 관한 소식, 그리고 그 이후에 된 모든 일이었다. 이 가난하고 연약한 초대교회 사람들에게서 시작된 생명의 불길은 250년 만에 로마를 완전히 정복했다. 성령의 능력이라면, 하나님의 계획이라면 가능하다.

하나님이 성령으로 함께하신다는 비밀을 믿는가. 그렇다면 당신도 더 멋지게 바뀔 수 있다. 당신이 변화되면 가족도, 직장도, 학교도, 교회도, 지역도 변화가 일어난다. 이것이 순리이다. 당신이 어디에 있든 바로 그곳에 하나님의 계획이 있다. 우리는 그곳을 현장이라 부른다.

하나님의 신비롭고 놀라운 방법의 하나가 말씀의 능력이다. 처음부터 지금까지 하나님은 말씀을 통해 세계를 움직이셨고, 그 말씀을 붙잡고 기도하는 이들을 통해 일하시고, 앞으로도 그리하실 것이다. 초대교회 사람들이 그랬듯, 당신의 모든 시작도 능력의 말씀을 붙잡는 것부터 되어야 한다. 사도행전 1장에서 주님은 우리가 현장에서 누릴 주요한 내용에 관해 강조하고 계신다. 이 언약부터 심중에 새기고 출발하면 변화는 하나님이 일으키실 것이다.

° 예수가 그리스도라는 사실을 누려라 행 1:1

사역 초창기에 찬양대원들과 바닷가로 야유회를 간 적이 있었다. 식사하고 있는데 마침 근처에서 굿을 벌이려 하고 있었다. 그런데 무속인이 우리 쪽으로 성큼성큼 다가오더니 다른 곳으로 자리를 옮길 수 없느냐고 물었다. 교회에서 와 있으니 굿이 안 된다는 것이었다. 그래서 얼른 이렇게 물었다.

"굿이 안 된다는 말이 무슨 뜻입니까?"

"어허, 당신들 때문에 신이 오시지를 못하니 그래요."

속으로 당연하지, 라고 생각하며 짐짓 모른 척 앉아 있었다. 식사 도중에 자리를 옮길 수도 없잖은가. 그들은 곧 철수하고 말았다.

한 번은 광주 집회를 마치고 강가에서 쉬고 있는데 그곳에도 굿을 하는 사람들이 있었다. 목사님 몇 분과 함께 그들을 주시해서 보고 있는데 아니나 다를까 잠시 후에 몇몇 사람들이 우리 쪽으로 걸어오는 것이 보였다.

"저, 죄송하지만 다른 곳으로 가 주실 수 없을까요? 도저히 굿이 안 돼서 그럽니다."

그 말의 의미는 알았지만 굳이 자리를 비켜주진 않았다. 현장에서 기도의 권세를 사용하는 기쁨을 빼앗길 이유가 없기 때문이다.

생명이 있으면 생명운동은 일어나게 마련이다. 예수가 그리스도라는 사실을 아는 자에게 변화가 일어나는 것은 당연한 일이다. 물 떠난 물고기처럼 답답하고 고통스러운 인생을 살고 있던 우리가 예수 그리스도로 인해 하나님을 만나게 되었다. 더 이상 사탄에게 끌려다니지 않아도 되는 행복한 인생의 길로 들어섰다. 인간의 힘으로는 어찌할 수 없는 재앙에 우리 생을 통째로 내맡기지 않아도 된다. 이것이 바로 하나님의 자녀만 누릴 수 있는 특별한 축복이다. 그리고 그 신분으로 인해 어딜 가든 영적 권세를 누리며 살 수 있다.

시대적 전도자 바울과 칼뱅은 이러한 인간 근원의 문제를 정확히 꿰뚫었다. 특히 칼뱅은 타락한 인간은 근본적으로 그 본성이 부패하고 죄에 오염되어 있어, 스스로는 아무런 영적 선善도 행할 수 없음을 주장하는 '인간의 전적 타락설'을 제기했다. 철저히 죄의 문제에 사로잡혀 있는 인간에겐 스스로 죄 문제를 해결할 능력이 전혀 없다. 그래서 성경은 말씀하고 있다.

"죄를 짓는 자는 마귀에게 속하나니 마귀는 처음부터 범죄함이라 하나님의 아들이 나타나신 것은 마귀의 일을 멸하려 하심이라"요일 3:8

＊

세상의 그 어떤 뛰어난 사상이나 과학, 지식, 철학, 의학, 선행으로도 사탄에게 사로잡힌 인간의 근본 문제를 해결하기엔 역부족이다.

"인자가 온 것은 섬김을 받으려 함이 아니라 도리어 섬기려 하고 자기 목숨을 많은 사람의 대속물로 주려 함이니라"막 10:45

이 말씀을 보라. 예수님은 세상의 그 어떤 훌륭하고 뛰어난 것으로도 해결 불가능한 우리의 죄 문제를 완전히 해결하기 위해 오셨다. 하나님의 외아들이신 그분이 하나님의 능력으로 십자가를 지시고 피를 흘리심으로 우리를 대신해 대속 제물로 죽으셨다. 인간이 가진 능력으로는 하나님을 만날 수 없기에, 친히 하나님 만나는 길이 되셔서 우리를 진리와 생명의 길로 이끄신 것이다.

"내가 곧 길이요 진리요 생명이니 나로 말미암지 않고는 아버지께로 올 자가 없느니라"요 14:6

그리스도이신 예수님이 마음의 주인이 될 때 비로소 모든 문제 해결의 물꼬가 트이기 시작한다. 생명의 소식이 민들레 씨앗 퍼지듯, 사방으로 전달되길 하나님은 간절히 원하신다. 그래서 구원받을 자들이 있는 현장, 그곳이 중요한 의미가 있는 것이다.

실제 현장에는 하나님을 모르는 사람도 부지기수고, 구원받았다는 사실에 관해 확신하지 못하고 교회 다니는 성도도 꽤 많다. 이들은 복음의 비밀에 관해 잘 알지 못할뿐더러 아예 관심조차 없이 덤덤하게 살아간다. 그래서 돈이나 명예, 자리, 세상의 것이 늘 복음보다 최우선이다. 하지만 과연 그것이 참된 만족과 평안, 행복을 가져다주는가. 그것으론 인간 본연의 갈급함을 절대 충족시킬 수 없다. 인간은 하나님을 만나야만 살 수 있게 창조되었다. 그러지 않고서는 이 세상 단 한 사람도 영혼의 만족을 얻고 살아갈 수 없음을 알아야 한다.

우리가 쉽게 단정 지어 상대방이 구원받았는지, 그렇지 않은지 알 수는 없는 일이다. 하지만 구원받은 사람은, 복음을 가장 사랑한다. 이것이 명백한 증거다. 복음 앞에서는 자랑할 만한 것이 아무것도 없음을 그는 알고 있다. 많은 문제와 일 속에서 복음을 먼저 생각한다. 성급하게 나서기보다 기도부터 하려 하고, 말씀의 인도를 받으려는 중심으로 주님 앞에 나선다. 진짜 사랑한다면 자신의 목숨조차 내어 놓고라도 사랑하는 그 무엇을 지켜내려 한다. 복음을 진정으로 사랑하는 사람은 매사에 인내하고 배려한다. 삶의 현장에서 부지불식중 일어나는 일 속에서 혹 복음에 해가 되지는 않을까 하는 생각에서다. 반대로, 복음에 유익 되는 일을 위해서는 모든 에너지를 아낌없이 쏟아 붓는다.

예수가 그리스도라는 복음을 알기 전, 가장 큰 고민은 나와 우리 가족이 어떻게 하면 잘 살 것인가 하는 것이었다. 마음 한구석에 돈 걱정, 미래 걱정이 늘 어두운 그림자를 드리우고 있었다. 하지만 예수님이 나를 구원하신 그리스도라는 사실을 믿고 깨달아갈수록 기도제목도 바뀌었다.

"하나님, 어떻게 하면 더 많은 사람에게 복음을 전할 수 있을까요?"

내 최고의 기도제목은 바로 이것이다. 하나님은 마음속 깊은 간구를 들으시고 지상에서 최고 멋진 자리에 나를 올리셨다. 복음 가진 전도자, 이 이상 감사하고 영광스런 직분은 없으리라. 어느덧 나는 그 옛날 초대교회 성도들과 같은 중심으로 전도자의 반열에 서 있다.

신앙생활은 복잡다단한 것이 아니다. 굉장히 심플하다. 예수님이 아직 뭔가를 덜 이루셨거나, 우리 힘으로 뭔가 채워 넣어야 할 것이 있다면 고민해야 하는 게 맞지만, 복음은 그 자체로 완벽하고 완전한 선물이다. 예수가 당신 인생의 모든 문제를 해결하신 그리스도라는 사실을 확신하라. 그 고백만으로 이미 흑암의 세력은 삼십육계 줄행랑 중이다.

˚ 하나님의 나라를 누려라 행 1:3

TV에서 유대인 가정이 독일 나치에게 고난 겪는 것을 내용으로 하는 영화를 본 적이 있다. 잔인하게 죽임당하는 유대인들의 실상은 나라 없는 민족이 얼마나 비참한지를 적나라하게 드러내 주었다. 우리 민족 역시 일제 치하 36년의 세월, 주권을 강탈당한 채 살았던 과거가 있다. 나라의 주권을 빼앗기자 침략자의 총칼에도 보호받지 못하고, 언어나 이름조차 맘대로 쓰지 못하는 상황에 부닥치게 되었다.

영적 세계도 이와 마찬가지다. 사탄은 불신 세계를 좌지우지하며, 하나님의 자녀마저 유혹하고 속이려 갖은 궤계를 쓰고 있다. 어둠의 세력이 통치하는 나라 백성이 얼마나 고통당하는지 현장에 가보면 단박에 알 수 있다. 인생의 고통 한가운데서 복음을 전하면 눈물을 뚝뚝 흘리며 예수님을 영접하는 이들이 있다. 하지만 끝끝내 복음을 거부하고 등을 돌리는 사람도 있다.

우리 삶 속에 하나님의 나라가 임하는 것보다 중요한 일은 없다. 예수님께서도 부활하신 후 40일이라는 기간 제자들과 함께하시며 친히 하나님 나라의 일에 관해 말씀하셨다.

"고난 받으신 후에 또한 그들에게 확실한 많은 증거로 친히 살아 계심을 나타내사 사십 일 동안 그들에게 보이시며 하나님 나라의 일을 말씀하시니라"행 1:3

하나님의 나라가 어떠한지 짐작되는가? 공생애 시절 하나님의 나라가 어느 때 임할 것인지를 묻는 바리새인들의 질문에 예수님께서는 이런 대답을 하셨다.

"하나님의 나라는 볼 수 있게 임하는 것이 아니요 또 여기 있다 저기 있다고도 못하리니 하나님의 나라는 너희 안에 있느니라" 눅 17:20~21

예수님이 그리스도라는 사실을 믿고 맘속에 구주로 영접하는 기도를 하면 성령이 임하신다. 내 안에 성령이 임하시면 이것이 바로 하나님의 나라이다. 하나님의 나라는 눈에 보이는 가시적 개념이 아니다. 하나님의 영광이 임하는 모든 곳, 성령님이 임하시는 모든 때와 장소가 하나님의 나라이다. 그릇 두 개가 있는데, 빵을 담으면 빵 그릇, 물을 담으면 물그릇이 된다. 같은 집이라도 왕이 거하면 왕궁이 되고, 거지가 살면 거지소굴이 되고 만다. 같은 원리다. 하나님의 성령이 마음속에 거하시면 그는 하나님의 성전이 된다. 하나님이 거하시기에 망할 수도, 실패할 수도 없는 신분으로 살게 된다.

현장에 하나님의 나라가 임하면 상상 못할 일들이 펼쳐진다. 흑암의 세력이 꺾이고 치유와 회복의 역사가 일어나는 것을 너무 많이 보았다. 17년 동안 간질병에 시달리던 소녀가 예수님을 구주로 영접한 순간 간질병이 깨끗이 낫고 모든 시달림의 문제에서 해방됐다. 40년 동안 귀신에게 시달리던 무속인에게 일어난 일을 보라. 어느 날 예수가 그리스도라는 복음을 전해 듣게 된 그가 "지금 이 순간 예수님을 내 마음속에 구주로 영접합니다."라고 고백하며 선포했다. 그리고 자신을 괴롭히던 악신이 순식간에 떠나가는 것을 체험했다.

어릴 때부터 환청에 시달리던 아이는 자라면서 더욱 심각한 상황에 처해지게 되었다. 급기야 아버지를 살해하는 끔찍한 일까지 저질렀다. 교도소에서조차 귀신의 속삭임은 계속 소년을 괴롭혔다. 자살하라는 목소리가 소년의 정신과 육신을 더욱 잔인하게 뒤흔들어 놓고 있었다. 극심한 괴로움에 몸서리를 치던 소년의 일상은 어떻게 자살할 것인지에 관한 생각으로 가득했다. 그런데 그 현장에 예수님을 믿는 교도관이 있었다. 소년을 위해 기도하던 그는 복음 전할 기회를 얻었다. 그리고 마침내 소년과 함께 예수님을 영접하는 기도를 드렸다. 놀랍게도 그 순간 환청은 사라졌다. 소년을 괴롭히던 악한 신은 떠나고 대신 소년의 영혼에 하나님의 나라가 임했다.

"영접하는 자 곧 그 이름을 믿는 자들에게는 하나님의 자녀가 되는 권세를 주셨으니"요 1:12

축복의 문은 누구에게라도 열려 있다. 예수님이 주인 된 곳, 그곳이 곧 하나님의 나라이다. 지금껏 이 비밀을 알지 못한 채 세상에 표류하며 살았다 해도 아쉬워 말라. 지금, 회복하면 된다. 자녀가 말썽을 심하게 부린다 해서 '에잇, 맛 좀 봐라.' 하며 내다 버리는 부모는 없을 것이다. 하물며 사랑의 하나님께서 우리의 구원을 이랬다저랬다 바꾸시겠는가.

"내가 아버지께 구하겠으니 그가 또 다른 보혜사를 너희에게 주사 영원토록 너희와 함께 있게 하리니 그는 진리의 영이라 세상은 능히 그를 받지 못하나니 이는 그를 보지도 못하고 알지도 못함이라 그러나 너희는 그를 아나니 그는 너희와 함께 거하심이요 또 너희 속에 계시겠음이라"요 14:16~17

진리의 영이 임하시면 흑암은 더 이상 발붙일 곳이 없어진다. 복음이 증거 되는 현장에 하나님의 나라가 임하면 엉킨 실타래 풀리듯 문제가 풀려나간다. 불신자는 죽어 지옥으로 가게 되지만, 우리의 소망은 영원한 하나님의 나라, 천국에 있다.

그렇다면 내가 속한 가정, 직장, 학교, 사업처에서 어떻게 이 비밀을 누릴 수 있을까? 가는 곳마다 예수 그리스도의 이름으로 흑암의 나라가 무너지고 하나님의 나라가 임하는 축복을 누리도록 은밀하게 기도해 보라. 직장을 오가는 중에, 공부를 시작하기 전에, 식사를 준비하면서, 사업 아

나의 주인은
누구인가

이디어를 구상하는 중에, 전도하기가 어려운 군 현장이라면 화장실에서라도 홀로 기도시간을 가져보라. 당신이 거하는 모든 현장을 하늘 보좌를 움직이는 살아 있는 기도처로 만들 수 있다. 당신의 기도를 들으시고 쉼 없는 은혜를 부어주실 하나님의 역사가 기대되지 않는가.

° 성령 충만으로 예수의 증인이 되라 행 1:8

내 속의 것을 비워 놓고 다른 것을 채우는 것이 충만이다. 더 정확히 말하면 채움이 지나쳐 흘러넘치는 것이 충만이다. 물이 가득 든 컵에 기름을 충만하게 하려면 물을 따라내고 기름을 부어 흘러넘치게 해야 한다. 성령 충만 역시 마찬가지다. 내 속의 것을 내어버리고 하나님의 것으로 가득 채워지는 것이 성령 충만이다.

솔직히 말해 우리 힘으로 가정복음화, 서울복음화 할 수 있겠는가. 불가능한 일이다. 게다가 아무리 복음을 알고 있어도 살다 보면 뛰어넘기 어려운 문제와 사건이 누구에게나 오기 마련이다. 그래서 하나님이 이 모든 상황에 딱 들어맞는 정확한 답을 주셨다. 성령 충만, 그것이 해법이다. 하나님의 사람은 어떤 상황에서도 하나님의 방법을 찾아야 한다. 험한 세상 속에서 주님이 주신 성령 충만은 우리를 승리케 하는 가장 훌륭한 방법이다.

그렇다면 더 구체적으로 성령 충만을 입어야 할 다섯 가지 이유에 대해 알아보자.

첫째, 성령 충만할 때라야 자신을 이길 수 있다. 생활 속에서 우리는 갈등과 고민을 피해 갈 수 없다. 가족문제, 직장문제, 친구문제, 심지어 교회생활을 통해서도 문제와 충돌하게 된다. 왜 내겐 문제가 끊이지 않을까, 라는 생각이 자꾸 드는가. 문제 속에서 자신을 이기는 방법이 바로 성령 충만이다. 하나님의 계획과 섭리는 우리의 지식과 상식을 뛰어넘을 때가 잦다. 그러니 모든 문제 앞에서 하나님의 숨겨진 계획을 찾아내려는 노력을 기울이라. 잘못된 사람도 용서해 주고, 부족한 사람도 도와주어라. 모든 사람을 하나님의 계획으로 보고 그 속에서 좋은 계획을 발견해 내면 된다.

둘째, 성령 충만으로만 세상을 이길 수 있다. 세상이 어느 정도로 강한가? 하나님의 능력이 간절히 필요할 만큼 세상은 강하다. 예수님께서 이를 아시고 "담대하라 내가 세상을 이기었노라" 요 16:33고 말씀하셨다. 그렇다면 하나님의 능력을 믿고 담대히 도전하라. 두려워할 것이 전혀 없다. 성령 충만한 자는 이미 세상을 이기신 예수 그리스도로 말미암아 거뜬히 승리할 수 있다.

셋째, 세상의 악한 세력을 이길 수 있는 능력이 성령 충만에서 나온다. 심각한 정신문제를 일으키고, 살인을 저지르게 하며, 교회와 가정을 파

괴하고 분리할 정도로 강력한 능력을 가진 것이 흑암 세력이다. 정사와 권세를 부리고, 종교를 만들어 인간을 넘어뜨린다. 인간을 타락시키고, 말씀을 놓쳐버린 성도를 끊임없이 공격하여 실족시키는 데 선수다. 자기 때가 얼마 남지 않은 것을 알고 마지막 때 극심한 발악을 하고 있다. 사탄의 세력을 이기는 유일한 병기는 오직 성령의 능력뿐이다.

넷째, 성령의 능력을 힘입으면 담대하게 복음을 전하게 된다. 내가 아닌 예수님을 자랑하게 되는 근원이 여기에서 나온다. 성령 충만을 힘입은 전도자가 가는 곳마다 일어나는 하나님의 역사가 바로 전도이다. 전도는 내 힘과 열심만으로 되는 것이 아니다. 성령의 역사로 된다는 사실을 깨달아야 한다.

다섯째, 영육간의 질병을 이기기 위해서이다. 내가 아는 어떤 분은 1년 사시사철 감기에 걸리는 특이체질을 가지고 있다. 봄여름에 찬물로 목욕만 해도 감기에 걸리고, 가을바람이 선선하게 불어도 감기에 걸린다. 겨울이 되면 독감으로 앓아눕고, 환절기엔 어김없이 감기에 걸려 콜록거린다. 바이러스 균의 침투를 막을 수 있는 저항력이 없기 때문이다. 영적으로도 마찬가지다. 하나님의 능력, 성령 충만으로 무장되어 있으면 악한 마귀가 아무리 넘어뜨리려 해도 상관없다. 하지만 이 비밀이 없으면 사탄의 공격에 속수무책 당할 수밖에 없다. 영적인 병은 반드시 예수 그리스도의 능력, 성령 충만으로 치유해야 한다. 이 땅에 하나님의 능력이 필요 없는 자는 한 사람도 없다. 내 계획보다 하나님의 계획이 낫고, 내 능력보다 하나님의 능력이 훨씬 낫다. 내가 생각하는 미래보다 하나님께서 예비해 놓으신 미래가 훨씬 가치 있고 아름답기에 내 생각과 자아를 버리고 성령의 충만을 받아야 한다.

그렇다면 어떻게 이 놀라운 비밀을 지속해서 누릴 수 있을까? 성령 충만을 유지하는 자기만의 방법이 있어야 한다. 다윗은 양을 치고 찬양을 하면서 기도하는 나름대로의 성령 충만을 누리는 방법을 가지고 있었다. 바울이 시간을 정해놓고 기도처를 찾았다는 기록이 신약성경 곳곳에서 발견된다. 나는 늘 집회에 쫓겨 다니다 보니 주로 정시기도 시간에 심호흡하면서 기도하고 운동이나 영어공부, 독서를 한다. 그 덕분에 근 30년 세월 동안 전도운동을 하면서도 몸져누운 적 없이 모든 일정을 은혜롭게 소화해 내고 있다. 영적인 힘을 얻는 비밀만 가지고 있으면 응답의 모든 문이 열린다는 사실을 몸소 체득한 것이다.

영적인 힘만 얻으면 바로 그곳이 최고의 응답을 누리는 자리가 된다. 자신의 힘으로 사업하지 말고 성령의 능력으로, 자기 힘으로 공부하려 하지 말고 성령의 능력을 받아 공부하는 것이 성령 충만의 비밀이다. 내 힘이 아닌 성령의 능력으로 전도해야 한다. 봉사 역시 성령의 힘으로 해야 한다. 하나님의 능력이 아니고는 절대 사람을 변화시킬 수 없고, 직장도, 가정도, 학교도 변화시키지 못한다. 그래서 하나님께서는 "오직 성령의 충만을 받으라"_{엡 5:18}고 말씀하셨다.

주님은 성령의 능력을 받은 후 증인이 되리라는 말씀을 주셨다. 증인이란 보고 듣고 깨달은 사람을 말한다. 올바로 보아야 올바로 증거할 수 있고, 바르게 듣고 깨달아야 바르게 증거할 수 있다. 주님은 복음을 전하는 선생이 되라거나 설명자가 되라고 하지 않으셨다. 다만 증인이 되라고 말씀하셨다. "부족하고 연약하며 지혜도 없으니 하나님이 말씀하소서. 가는 곳마다 살아 계신 하나님을 증거하는 복을 누리며, 생명의 복음을 증거하는 증인의 삶을 살게 하소서."라고 기도해보라. 우리 안에 있는 생명으로 말미암아 하나님이 우리를 통해 역사하실 것이다.

전도하러 이리저리 다니는 것은 어떻게 보면 가장 수준 낮은 방법일 수도 있다. 자신이 처한 현장에서 하나님이 함께하심을 나타내는 것, 그것이 바로 진정한 증인의 삶이다. 한 사람이 참된 복음의 응답을 받으면 개인도 살아날 뿐 아니라 현장도, 교회도, 지역도 살아나게 된다. 예수가 그리스도라는 사실을 체험하고 누리는 자, 자신이 가진 것을 나누어 주고, 자신이 본 것과 앞으로 되어질 것을 말하는 자가 진정한 그리스도의 증인이다.

초대교회 현장에서 이루어진 성령의 역사를 면밀히 살펴보라. 하나님의 역사는 놀라울 정도로 급속히, 그러나 오직 이 비밀을 깨달은 자를 중심으로 일어나고 있음을 알 수 있다.

성령의 충만한 은혜가 임하니 기도가 응답되고 말씀이 성취되며 현장이 변화되고 제자가 세워지는 응답의 문이 열렸다. 이 해답을 가진 사람들을 교회의 중직자로 세우고 난 이후 이방나라 사마리아에 전도의 역사가 일어났고, 전도자들이 가는 현장마다 크고 놀라운 응답이 연속해서 일어난 것을 볼 수 있다. 이후 전 세계를 향해 선교의 큰문이 열리고, 아시아에까지 전도의 문이 열리게 되었다. 응답이 막힌 것 같은 상황에서도 오히려 하나님은 마게도냐의 문을 열어 복음이 증거되게 하셨다. 오직 요한의 세례만 알 뿐 성령이 있다는 사실도 알지 못하는 에베소 지역의 제자들에게 바울이 복음을 전하자 성령이 임하는 역사가 일어났고, 에베소에 큰 응답의 문이 열렸다. 이후 두 해 동안이나 두란노 서원에서 말씀을 증거하며 제자를 세우는 전도의 역사가 계속되었다.

하나님은 늘 모든 일을 행하시기 전에 사랑하는 자녀에게 성취될 말씀부터 주신다. 매 순간, 매일, 매주일, 매달, 매해 하나님은 늘 우리를 향해 말씀하신다. 그 누구라도 주일 예배만 잘 드리면 일주일이 행복하고 주와 동행하는 기쁨으로 열정이 넘쳐나게 된다. 기쁘고 슬프고 괴롭고 힘들고 어렵고 두려운 인간의 모든 삶의 해답이 하나님의 말씀 안에 명백히 제시되어 있다. 임마누엘을 누리며 승리하는 신앙생활의 묘미를 보라. 이때 증거가 오면 마음껏 만끽하라.

만약 사업 현장에서 드리는 전도자의 기도로 말미암아 그곳에 하나님의 나라가 임하면 사실상 모든 문제는 끝이다. 학생이라면 성령의 도움을 의지하여 학업에 최선을 다해 보라. 그 열매는 보지 않아도 알 수 있다. 우리의 현장에 하나님의 나라가 임하면 이 축복은 그 누구도 흉내 낼 수 없는 가장 완벽하고 든든한 증거로 나타날 것이다.

그럼, 지금부터 시작해보자. 어디를 가든지 단 1초라도 모든 문제를 해결하신 예수 그리스도, 그 이름의 비밀과 하나님의 나라, 성령의 충만한 은혜가 임하도록 기도부터 시작해 보는 것은 어떠한가? 만약 정시기도 시간에 이 제목을 가지고 깊이 있게 누리면 자신도 모르는 사이에 변화가 일어나게 된다. 당장 변화가 일어나지 않는다 해도 믿음을 가지고 기다리고 있으면 반드시 하나님의 나라가 임하고, 성령의 놀라운 증거가 일어나게 되어 있다. 그때 하나님이 내게 주신 응답을 증거 하기만 하면 된다. 이것이 바로 완전한 복음, 완전한 기도, 완전한 전도의 응답을 누리는 증인의 삶이다. 굳이 찾아가지 않아도 가만히 이 응답을 누리고 있으면 갈급한 사람이 와서 자신의 문제를 호소하는 경우도 있다. 그땐 그저 내게 임한 그리스도를 잘 얘기해 주기만 하면 된다. 이렇게 쉬운 것이 전도이다.

° 복음의 핵심을 나의 사상으로

처음 예수님을 믿는 사람이든, 그 누구든 간에 가장 중요한 것은 '어떤 사상이 그 사람을 사로잡고 있는가?' 하는 것이다. 예수 그리스도를 따르는 제자들이 가장 주의해야 할 부분이 바로 복음 외에 다른 사상이 심어지는 것이다. '오직 복음'이 심어질 때라야 성령의 역사가 일어나게 된다.

초대교회 마가다락방에 모였던 이들의 영혼 속에는 '오직 예수 그리스도, 오직 하나님의 나라, 오직 성령 충만'이라는 원색의 복음이 충만하게 넘쳐흘렀다. 다른 사상이 아닌 오직 복음으로 충만했기에 이들의 신앙고백 역시 남다른 뭔가가 있었다.

"하나님, 오직 복음으로 내 영혼이 충만케 되기를 기도합니다. 다른 사람이나 환경을 탓하지 않고 나 자신이 은혜 받고 승리할 수 있도록 인도해 주옵소서. 하나님의 은혜를 받으면 내가 속한 모든 현장이 살아나게 될 줄 믿습니다. 하나님 앞에서 내가 가진 모든 동기를 버리고 사실을 정확하게 바라보는 믿음을 허락하여 주옵소서. 그리고 내가 있는 현장에서 그리스도의 비밀과 하나님의 나라, 증인으로 세워지는 참된 응답을 맛보게 하옵소서."

개인의 삶 속에 끊임없이 그리스도를 향한 신앙의 고백이 넘쳐난다면 기도운동도 전도운동도 계속해서 일어날 수밖에 없다. 에디오피아 내시와 빌립의 극적인 만남을 보라. 이들은 성령님의 완벽한 계획안에서 두 번 다시 오지 않을 단 한 번의 기가 막힌 만남을 갖게 된다. 주의 사자의 명령대로 빌립이 광야로 가 보니 그곳엔 뜻밖에도 에디오피아의 모든 국고를 맡은 관리인 내시가 있었고, 그는 마침 이사야서를 읽고 있었다. 성령의 이끌림을 받은 빌립이 이 기적 같은 만남 속에서 만약 복음이 아닌 박애주의를 설명했다거나, 종교나 신비, 사회운동을 가르쳤다면 어떻게 되었겠는가. 생각만 해도 아찔하다. 하지만 빌립은 단 한 번의 기회에 예수 그리스도를 정확히 선포했다.

"빌립이 입을 열어 이 글에서 시작하여 예수를 가르쳐 복음을 전하니"
행 8:35

내시는 복음을 듣자마자 그 즉시 세례를 받고 그리스도가 주인 된 새로운 인생을 살게 되었다. 그는 인생 모든 문제의 근원 되시는 예수 그리스도를 마음의 주인으로 모시고 기쁘게 길을 떠났다. 성경에 의하면 주의 영이 빌립을 이끌어 간 후 그를 다시는 보지 못했다고 말씀하고 있다. 가장 중요한 순간에 빌립은 한 사람의 인생을 완전히 변화시키는 가장 소중한 선물인 복음을 전달한 것이다.

사도행전 16장에는 복음을 전하던 바울과 실라가 체포되어 죽도록 매를 맞은 후에 로마의 지하 감옥에 수감되는 장면이 나온다. 이들이 한밤

중에 기도하고 하나님을 찬송하는데 갑자기 큰 지진이 일어나 문이 열리고 매인 것이 벗겨지는 일이 일어났다. 이때 놀란 간수가 죄수들이 다 도망간 줄 알고 검을 빼어 자결을 시도하자 바울이 이를 급히 말렸다. 간수는 무서워 떨며 그들 앞에 부복하고 "선생들이여 내가 어떻게 하여야 구원을 받으리이까"라고 호소했다. 그런데 만일 바울이 "나는 로마시민이다. 왜 우리에게 물어보지도 않고 사람들 앞에서 매로 치고 감옥에 잡아넣었는가?"라는 소리를 했다면 어떻게 되었겠는가. 바울은 실제로 로마 시민권자였고 시민권자를 옥에 가두는 것은 위법이었다. 로마의 관리들은 이 사실을 알지 못한 채 사람들 앞에서 바울을 때리고 옥에 가두는 일을 자행했던 것이다.

"주 예수를 믿으라 그리하면 너와 네 집이 구원을 받으리라"행 16:31

그러나 바울은 복음 전파를 위해 자신의 신분을 숨기고 매를 맞고 감옥에 갇히는 길을 택했다. 그리고 그날 밤 바울에게서 복음을 전해 들은 간수와 그 집에 있는 모든 사람이 전부 세례를 받고 하나님을 믿는 기적의 역사가 일어났다.

복음 안에 모든 것이 완전히 예비 되어 있다고 생각하면 그때부터 지속해서 역사가 일어난다. 초대교회에서 이 사역이 지속적으로 일어났고 이들은 항상 기도가 되어지는 은혜 속에 거했다. 삶의 전체 영역에서 성령의 역사가 일어나니 삶 자체가 전도였다. 그러니 초대교회에는 별도의 전도 훈련이 필요 없었다. 하나님의 나라가 임하면 우리의 업이 바로 전도요, 기도가 된다. 이 축복을 찾아내는 것이 아주 중요하다.

° 우리의 목표, 세계복음화

오늘날 많은 사람이 예고 없이 들이닥친 인생문제 속에서 울부짖고 있다. 재물이 많으면, 권력이 있으면 행복할 거라 생각하지만 부와 명예를 가진 이들조차도 어느 날 인생문제는 예외 없이 들이닥치고 만다. 놀라운 사실은 성공을 이루었어도 절대 행복하지만은 않다는 것이다. 오히려 가지면 가질수록 행복에 대한 갈증은 커져만 간다. 행복만 없는 것이 아니라 자꾸만 닥쳐오는 재난문제도 막을 수 없다. 이는 성공과 무관하게 찾아온다. 게다가 이 땅에는 의사가 고칠 수 없는 병도 많고 치유 불가능한 질병도 속속 생겨나고 있다. 아무도 가르쳐 줄 수 없는 인생문제 속에 있지만 인간에게는 그 어떤 해결책도 없다.

구원받은 성도에게 가장 필요한 것이 바로 구원의 축복을 마음껏 누리는 것이다. 그다음으로 해야 할 것이 하나님을 모르는 사람에게 하나님을 알게 하여 인생의 근본문제를 해결하도록 도와주는 것이다. 인생을 살면서 하나님을 만나는 것보다 중요한 일은 없다. 초대교회 성도처럼 근본문제를 해결하는 해답을 가지고 있다면 노력하지 않아도 저절로 갈급한 사람들이 찾아오게 되어 있다. 굳이 예수 믿으라고 하지 않아도 저절로 사람들이 예수 믿는구나, 하고 알아보게 된다. 이것이 우리가 맛보아야 할 되어지는 전도, 보여지는 전도이다. 오직 예수, 이 비밀을 인생 결론으로 붙잡으면 이때부터 하나님의 큰 축복이 시작된다. 오직 복음만이 한 사람의 인생에 근본 변화를 불러일으키는 생명의 열쇠라는 사실을 단단히 붙잡고 하나님의 능력을 따라 한 걸음씩 전진하라.

많은 이들이 성공을 향해 달려가지만, 성경을 자세히 보면 믿음으로 승리한 사람들의 인생 목표는 결코 그렇게 단순하지 않았다. 하나님의 사람들에게 성공은 기본이지 결코 목표가 될 수 없다는 사실을 그들은 알고 있었다. 학교, 직장, 가정, 사업, 선교 현장, 목회 현장, 그 어떤 현장에서건 어려움이 닥쳐올 때, '복음의 능력으로 이쯤이야 거뜬히 뛰어넘을 수 있지.'라는 생각으로 더욱 언약을 굳게 붙잡으라. 우리의 목표는 따로 있다. 바로 세계복음화이다. 이것이 사상이 되면 오히려 어려움이 왔다가도 도망간다.

전도운동을 처음 시작할 때부터 내 마음에는 세계복음화는 분명히 되어진다는 확신이 있었다. 초대교회 믿음의 사람들은 이 비밀을 알고 있었기에 죽음이 와도 두렵지 않았고, 핍박이 와도 믿음으로 넘어섰으며,

시험들 일이 생겨도 흔들리지 않았다. 바리새인들은 예수 믿는 자들을 핍박하고 이단 누명을 씌우고 죽이면 끝날 것이라 생각했지만 오히려 복음 가진 사람에게 그것은 시작일 뿐이었다. 아예 이들은 이단 누명부터 쓰고 생명운동을 시작했다. 이들의 믿음 위에 성령이 역사하자 사도행전 2장에 삼천 명의 신도가 모였다. 사도행전 3장에서는 앉은뱅이가 일어났으며, 사도행전 4장에는 남자만 무려 오천 명이 믿는 역사가 일어났다. 그뿐인가. 복음의 영향력은 지역 구석구석을 강타해 사도행전 9장의 아나니아와 같은 전도제자가 요소요소 장악해 들어갔다. 전도의 불길은 오늘까지도 예수 생명의 언약을 가진 전도자들로 인해 공장과 병원, 식당과 비행기 안, 학교 현장과 군부대, 저 이방인의 가정까지 쉼 없이 퍼져 나가고 있다. 복음을 막을 자 그 누구인가?

그런데도 당신은 '너무 가난해서, 너무 무능해서 아무것도 할 수 없어요……' 라고 생각하는가? 생각을 바꾸어라. 당신과 함께하시는 하나님이 모든 것을 주관하시는 창조주라는 사실을 알면 당신은 결코 가난하지 않다는 것을 깨닫게 될 것이다. 혹 당신은 누구의 도움을 절실히 필요로 하는 상황에 부닥쳐 있는가? 모든 것을 주실 수 있는 하나님을 전적으로 바라보라. 그분만이 우리의 도움이시기에 하나님이 주신 언약만 확실히 붙잡으면 된다.

초대교회 성도의 가장 강력한 영적 병기는 하나님을 향한 완전 믿음이었다. 연약한 성정을 가진 인간이기에 하나님 앞에 완전한 행함은 있을 수 없었겠지만, 이들은 목숨까지 내어놓을 정도로 완전한 믿음을 가지고 하나님 앞으로 나아갔다. 때문에 성령의 능력을 힘입어 복음을 증거하는 주역의 역할을 은혜롭게 감당해 낼 수 있었다.

인생 모든 문제 해결, 교회 부흥, 생기 있는 열정적인 삶은 바로 하나님을 향한 절대 믿음을 회복하는 것에서부터 시작된다. 과거는 전부 발판으로, 오늘을 기회로 삼아 늘 갱신하면서 미래를 준비해 나가라. 끊임없이 개혁하고 끊임없이 도전하라. 또 다른 이에게 참된 희망을 증거 할 하나님의 전도자인 당신을 주님은 끝까지 응원하시며 인도하실 것이다.

'하나님이 주신 최고의 선물, 그리스도! 하나님이 주신 최고의 방법, 하나님의 나라! 이 언약을 붙잡았을 때 반드시 일어나는 당연한 결과, 성령충만!' 이 속에 당신의 인생 전체를 쏟아 부어라. 이때 그리스도의 증인이 되리라는 예수님의 약속이 반드시 이루어질 것이다. 당신이 처해 있는 바로 그 현장에서 말이다.

The Greatest Gift in My Life

Do not be anxious about anything, but in everything by prayer and petition,
with thanksgiving present your requests to God.
And the peace of God, which transcends all understanding,
will guard your hearts and your minds in Christ Jesus.
Philippians 4:6~7

6

문제를 응답으로 바꾸는 비밀,
사실 보기

"아무 것도 염려하지 말고 다만 모든 일에 기도와 간구로,
너희 구할 것을 감사함으로 하나님께 아뢰라 그리하면 모든 지각에 뛰어난 하나님의 평강이
그리스도 예수 안에서 너희 마음과 생각을 지키시리라" 빌 4:6~7

CONTENTS

문제를 사실대로 본다는 것은 답을 제대로 본다는 의미가 된다.
성경의 인물들은 문제를 바라보는 전혀 다른 시각을 가지고 있었다. 이들은 문제와 사건
너머 응답을 보는 눈, 하나님의 숨겨진 계획을 바라보는 눈을 가지고 있었다.

°사실을 본 증인들

"목사님, 제 친척 중에 한 사람이 영도에 살고 있는데 어려움을 많이 당하고 있어요. 그런데도 도무지 예수를 믿지 않겠다고 하네요. 목사님이 한 번만 가셔서 메시지를 전해 주세요."

모 교회 집회에 다녀온 며칠 후, 교회 성도 중 한 사람이 전화를 걸어왔다. 흔쾌히 시간을 내어 그와 그의 부인을 만났다. 배의 선주船主라서 사는 형편은 괜찮았지만, 심각할 정도로 영적 문제에 시달리고 있었다. 내가 순수하게 복음을 전하자 이 부부는 무릎을 꿇고 진실하게 예수님을 영접했다. 예수님이 인생의 주인이 되면 반드시 빛의 증거가 나타나기 마련이다. 예수님을 영접한 그 시로 부부의 얼굴이 환하게 밝아졌다. 오랜 세월 억누르고 있던 모든 어둠의 문제가 한순간에 물러간 것이다.

*
내 인생 최고의 선물

예수님을 영접한 부부는 집안 구석구석에 도배되어 있던 부적을 모조리 떼어냈다. 나중에 보니 같이 갔던 전도사님의 차에 실린 부적만 한 가득이었다. 그 증거물은 그만큼 많은 고생을 했다는 것을 보여주는 것 아닌가.

"목사님, 지금 제 기분이 날아갈 것 같습니다. 구원받았기 때문이겠지요? 허허허……."

그분의 표현이 참 적절하다고 생각되었다. 신앙생활을 착실히 하던 부부가 세례받던 날, 내 마음이 아주 기쁘고 하나님 앞에 큰 은혜가 되었다. 하나님을 떠나 마귀의 손에 사로잡혀 세상 풍조를 따라 살던 사람이 예수님을 영접하고 하나님의 사람으로 변화된 모습을 보니 감사가 절로 나왔다. 이제 그분은 기회만 있으면 예수님 얘기를 꺼낸다.

하나님과 함께하는 자 그 누구라도 예수님의 이름으로 기도하면 응답을 받게 되고, 응답을 받으면 자꾸만 응답을 말하고 싶어진다. 현장에서 사실적으로 역사하시는 성령의 은혜와 말씀대로 이루어지는 영적 사실을 보노라면 오로지 하나님의 은혜구나, 라는 고백만이 오롯이 남는다.

"허물과 죄로 죽었던 너희를 살리셨도다"엡 2:1

미신 가운데, 점술 가운데 묶여 있어도 예수 그리스도를 주인으로 믿고 영접하면 모든 어둠의 일에서 완전히 해방된다. 그뿐 아니다. 구원받은 하나님의 자녀는 장차 그리스도와 함께 하늘에 앉게 될 것이라고 말씀하셨다. 미래까지 완전하게 보장받은 것이다. 예수 그리스도를 영접하면 일평생 성령이 역사하시고, 내주하시며, 늘 동행하신다. 예수님이 인생의 주인 된 바로 그 순간부터 누구든지 예수님의 이름으로 기도하기만 하면 응답받는 천국 열쇠가 주어졌다. 하나님은 언제 어디서든 자녀의 기도를 들으시고 주의 천사를 보내어 도우신다. 하나님의 자녀는 이 땅을 떠나는 날, 천국에 갈 뿐 아니라 이 땅에서도 예수 그리스도로 말미암아 하늘의 복을 누리며 살게 된다.

이 풍성한 모든 축복이 하나님이 그의 자녀에게 주신 은혜의 증거들이다. 예수를 믿는다는 것은 단순히 교회를 다니는 것만을 의미하지 않는다. 증거를 가진 증인으로 사는 것을 말한다. 베드로는 부활하신 예수님의 능력을 체험한 후 흔들리던 믿음을 떨쳐버리고 부활하신 예수님을 증거하는 증인의 삶을 살았다. 살기등등한 모습으로 예수 믿는 자들을 핍박하러 가던 사울이 다메섹 도상에서 자기를 둘러 비추는 생명의 빛, 예수 그리스도를 만난 후 그리스도의 증인으로 360도 바뀐 삶을 살게 된 것을 보라. 자신의 정체성을 확실히 깨닫고 영적 사실을 제대로 보고, 사실대로 증거하는 그리스도의 증인, 이들의 제1관심은 무엇이며, 무엇이 되어야 하는가? 누가 뭐래도 오직 복음이다.

예수가 그리스도라는 사실을 확실히 믿고, 유일성의 복음으로 유일한 응답을 누리는 자는 하나님 앞에서 사사로운 동기는 쓸모없는 걸림돌임을 이미 눈치챘을 것이다. 또한 자신이 먼저 은혜 받아야 다른 사람도 살릴 수 있다는 희망 메시지를 손에 쥐고, 언제 어디서건 하늘 보좌를 움직이는 살아 있는 기도의 맛을 보며 명랑하고 자신 있게 살아간다.

그렇다면 그다음으로 중요한 것이 무엇인가? 바로 나 자신을 변화시킨 복음, 그 복음을 필요로 하는 현장과 개인을 사실적으로 보는 것이다. 복음의 눈으로 모든 사건과 사람을 자세히 관찰하고 지혜롭게 판단할 때 우리는 흔들리지 않게 된다.

사람들은 인생을 사는 동안 끊임없이 일어나는 문제와 사건 속에서 사실을 명확하게 보지 못해 오해하고 속고 억울하게 당한다. 돈을 잘 버는 사람을 자세히 보면 다른 사람들이 못 보는 사실을 직시하고 있음을 알 수 있다. 사기꾼에게 속아 넘어가는 것도 그 사람에 대한 사실을 잘 몰랐기 때문이다. 사실을 정확히 알지 못하고 보증을 서면 망하는 것은 시간 문제다. 만약 하나님의 말씀을 전하는 사람이 사실대로 전하지 못하면 어떻게 되겠는가? 성경의 실패한 많은 인물을 보더라도 그들이 한결같이 사실을 사실대로 보지 못하여 위기를 자초했음을 확인할 수 있다. 열 명의 가나안 정탐꾼이 바로 그들 중 하나이다.

° 선택: 불신앙 혹은 믿음

애굽에서 탈출한 이스라엘 백성의 행로를 보자. 하나님의 언약을 놓쳐버린 이스라엘 백성은 무려 400년간이나 애굽의 모진 압제 밑에서 죽을 고생을 하며 처절한 노예생활을 하고 있었다. 이들의 우고와 부르짖음을 들은 하나님께서는 모세를 지도자로 세워 유월절 어린 양의 피를 문설주에 바르고 나온 이스라엘 민족을 젖과 꿀이 흐르는 약속의 땅으로 인도하기에 이른다.

험난한 광야 길을 걸어 애굽을 떠난 지 2년여의 시간이 흐른 후 드디어 가나안을 목전에 두게 되었다. 얼마나 가슴 뛰는 순간인가. 이에 모세는 열두 지파의 지휘관 한 사람씩을 보내어 약속의 땅 가나안을 정탐하도록 했다. 모세는 각 지파의 수령 열 두 정탐꾼에게 그들이 보고 와야 할 내용을 소상하게 일러주었다.

그들은 모세의 지시대로 가나안을 두루 돌아 40일간의 정탐을 마치고 바란 광야 가데스에 도착하여 가나안 땅에 대한 기대로 목이 마른 이스라엘 온 회중의 열렬한 환호를 받으며 정탐한 내용을 보고하기 시작했다. 그들은 우선 에스골 골짜기에서 장정 두 사람이 들기도 벅찬 큰 포도송이와 석류, 무화과 등 풍성한 과실을 증거물로 보여주었다. 그러면서 과연 그 땅은 하나님께서 약속하신 젖과 꿀이 흐르는 비옥한 땅이라 보고했다. 백성은 큰 기쁨에 도취하여 우레와 같은 탄성을 질렀다. 그러나 그다음이 문제였다.

"하지만 문제가 심각합니다. 그 땅에 사는 사람들은 강하고, 성읍은 견고하고 무척이나 커서 우리 힘으로 대적하기엔 역부족입니다. 뿐만 아니라 그곳에서 거인족인 아낙 자손을 봤습니다."

백성은 열 명의 정탐꾼이 거침없이 쏟아내는 무시무시한 보고를 들으며 큰 동요를 일으키기 시작했다. 이때 갈렙이 급히 나서서 담대하게 말했다.

"우리가 곧 올라가서 그 땅을 취합시다. 우리가 능히 이길 수 있을 것입니다."

열 명의 정탐꾼은 즉시 이를 반박하고 나섰다.

"무슨 말입니까? 우리보다 월등하게 강한 그들 앞에서 어떻게 이길 수 있다는 말입니까? 우리가 정탐한 땅은 거주민을 삼키는 땅입니다. 게다가 아낙 자손 같은 거인들 앞에서 우리는 그저 메뚜기일 뿐입니다."

그들의 보고를 들은 이스라엘 백성은 하나님을 원망하며 밤새도록 통곡했다.

"차라리 애굽 땅에서 죽었거나 광야에서 죽는 편이 훨씬 좋았을 걸, 어째서 하나님이 우리를 그 땅으로 인도하여 칼에 쓰러져 죽게 하실까? 우리의 처자식마저 대적에게 사로잡히는 것을 보느니 차라리 지금이라도 애굽으로 돌아가는 것이 낫지 않겠는가!"

*

그들에게는 이미 하나님의 약속에 대한 믿음은 사라지고 없었다. 사실상 이러면 게임은 끝난 것이나 마찬가지다. 가나안 정복은커녕 아무것도 할 수 없다. 참으로 가슴을 치고 통곡할 일이다. 그들의 힘으로 과연 죽을 만큼 괴로운 애굽의 노예 생활에서 빠져나올 수 있었던가. 풀 한 포기 없는 메마른 광야에서 불기둥, 구름기둥으로 인도하시며 먹을 것, 마실 것을 두루 주어 부족함 없게 하시고 대적의 손에서 지키고 보호하신 하나님의 은혜는 어디로 가고 없단 말인가. 그들은 심지어 모세와 아론 대신 자신들을 인도할 또 다른 지휘관을 세우자는 모의를 하기에 이르렀다. 여호수아와 갈렙은 비통한 심정으로 자신들의 옷을 찢으며 40일간 정탐한 내용을 본 대로 증언했다.

"여러분, 우리가 정탐한 땅은 하나님이 약속하신 대로 젖과 꿀이 흐르는 아름다운 땅입니다. 하나님이 우리를 기뻐하시면 하나님이 능히 우리를 그 땅으로 인도하실 것입니다. 여호와를 거역하지 마세요. 그 땅 백성을 두려워하지도 마세요. 그들은 그저 우리의 먹이일 뿐입니다. 우리와 함께하시는 하나님의 소문을 듣고 얼마나 두려웠던지 그들의 지도자는 그들에게서 이미 떠났습니다. 지금이 기회입니다. 여호와께서 우리와 함께하십니다."

열 명의 정탐꾼에게 가나안은 거인들이 사는 무시무시한 곳이었다. 하지만 하나님이 함께하시는 사실을 본 약속의 사람들에게 가나안의 거민

* 사실을 보는 믿음의 눈

"여러분, 우리가 정탐한 땅은 하나님이 약속하신 대로 젖과 꿀이 흐르는 아름다운 땅입니다.

하나님이 우리를 기뻐하시면 하나님이 능히 우리를 그 땅으로 인도하실 것입니다.

여호와를 거역하지 마세요. 그 땅 백성을 두려워하지도 마세요.

그들은 그저 우리의 먹이일 뿐입니다.

우리와 함께하시는 하나님의 소문을 듣고 얼마나 두려웠던지

그들의 지도자는 그들에게서 이미 떠났습니다.

지금이 기회입니다. 여호와께서 우리와 함께하십니다."

은 단지 '먹이'일 뿐이었다. 이들은 이미 하나님이 믿음의 조상 아브라함을 부르실 때부터 가나안 입성을 준비해 놓으셨다는 사실을 확연히 알고 있었다. 바로 그곳에서 메시아가 탄생하실 것이기 때문이다. 하나님의 능력과 약속을 믿었기에 사실을 명확히 보았고 또한 입술로 불신앙하지 않았다. 결정적인 순간에 하나님 앞에서 드린 이들의 믿음 고백은 훗날 놀라운 열매를 맺게 된다. 출애굽한 1세대 중에서 가나안에 입성한 사람은 오직 여호수아와 갈렙 두 사람뿐이지 않았는가.

때로 우리도 인생을 살면서 이스라엘 백성과 같이 바람 앞의 등불처럼 흔들리는 믿음을 가질 때가 있다. 문제와 사건 앞에서 사실을 보는 눈은 어디론가 사라져버리고 불신앙의 줄을 잡고 가슴을 친 일들도 부지기수였을 것이다. 사실을 보는 눈이 열리지 않으면 상처받을 일이 너무 많다. 그리고 상처받은 만큼 타인을 원망하게 된다. 원망이 쌓이면 내적 스트레스와 우울증이 깊어지고 이로 인해 자신뿐 아니라 모든 관계가 어긋나 버리는 치명적 손상을 입게 된다.

하지만 삶의 모든 부분을 믿음의 눈으로 보면 놀랍게도 어떤 상황도 헤쳐나갈 수 있는 용기가 솟아난다. 하나님을 향한 전적인 믿음이 상황과 환경을 뛰어넘어 승리케 하는 강력한 힘으로 작용하기 때문이다. 때로 당신이 생각한 대로 일이 잘되지 않을 때, 상상치도 못할 심각한 문제가 들이닥쳤을 때 모든 것을 체념한 채 주저앉아 어둠 가운데 인생을 내

던지지 마라. 당신의 인생은 전능하신 하나님의 손안에 있다. 하나님의 뜻과 계획이 분명하고 당신의 중심이 언약 속에 있다면 하나님이 친히 인도하시고 더 좋은 방법으로 응답하실 것이 확실하다.

사실을 보는 믿음의 눈이 열리면 비로소 눈앞에 처한 모든 상황이 서서히 이해되기 시작한다. 신앙생활을 방해하는 불신자 남편도 이해하게 되고 여러 모양으로 핍박하고 상처를 주는 직장상사와 동료도 용서할 수 있는 마음이 생긴다. '아, 저런 영적 배경이 있었기에 그런 행동을 할 수밖에 없었구나……' 하는 사실이 너무나 선명하게 보이게 된다. 사실을 보는 눈을 조금만 열라. 성공이 당신의 눈앞에 한 발짝 다가올 것이다. 그리고 다음으로 당신이 할 일은 연약한 가슴을 영적 사실에 대한 확신으로 강인하게 물들이는 것이다.

°문제 너머 사실을 보게 하는 '영적 확신'

문제와 위기 앞에서 당신의 신분이 '하나님의 자녀'라는 사실만큼 든든하고 확실한 보장은 없다. 당신이 누구인지에 관한 사실이 당신에 관한 모든 것을 대변해 주기 때문이다. 하나님이 이미 예수 그리스도를 통해 당신의 영적인 근본문제를 완전히 해결하셨다는 사실을 믿는가? 그렇다면 문제 앞에서 흔들릴 이유가 없다. 하나님이 흑암 권세에서 완전히 해방하셨다는 사실을 확신하는 순간 문제는 서서히 사라지기 시작한다.

성경을 보라. 하나님의 언약으로 무장한 믿음의 선진, 아브라함, 이삭, 야곱, 요셉을 그 누구도 해칠 수 없었다. 그들은 하나님께서 늘 함께하시며 천군, 천사를 보내어 언약의 백성을 지키고 보호하신다는 사실을 확신하고 있었다. 때문에 어떤 문제 앞에서도 요동하지 않았다. 당신도 저들과 같은 축복을 받지 않았는가. 하나님께서 예수 그리스도를 보내어 십자가 보혈의 공로로 당신의 모든 죄를 도말하셨다. 뿐만 아니라 당신이 받아야 할 저주의 문제까지 완전히 해결하셨음을 성경은 분명히 밝히고 있다. 이 확신이 자리하고 있는 이상 문제에 빠져 허우적거리고 있을 이유는 없는 것이다.

애굽에 사는 언약의 백성 이스라엘을 바로 왕이 아무리 죽이려 해도 죽일 수 없었고, 광야 길을 가는 동안 그 어떤 문제도 하나님과 함께하는 이스라엘 백성에겐 문제가 되지 않았다. 가나안에 입성해서도 일곱 족속 서른한 왕이 감히 이스라엘 민족에게 해를 입힐 수 없었다. 바벨론에 포로로 잡혀간 언약의 백성을 죽이려 했지만 하나님의 보호 아래 있었기에 그들은 털끝 하나 상하지 않았다.

신약의 모든 사건과 이야기 또한 예수가 그리스도이심을 믿는 하나님의 백성이 문제 앞에서 얼마나 담대하게 싸워 승리했는가를 보여주는 증인들의 이야기를 기록하고 있다. 말세에 이 땅 곳곳에 아무리 심각한 영적 문제가 들이닥친다 해도 하나님의 자녀는 절대 실패하지 않는다는 사실을 기록한 것이 바로 요한계시록이다. 이 사실을 확신하는 것, 그것이 바로 당신을 에워싸고 있는 문제에서 승리하는 절대 비밀이다.

사탄은 확신 없는 자를 집요하게 공격한다. 확신을 놓쳐 버리면 흔들리고 문제에 빠져 큰 손해를 보게 된다. 성경은 염려와 불안을 단순히 내어버리지 말고 '주께 맡겨 버리라'고 강력하게 권고하고 있다벧전 5:7~8. 이때 가장 정확한 응답이 오고 문제가 해결되기 시작하는 것을 깨닫게 될 것이다.

혹 당신은 깊은 구렁텅이와 같은 문제에 빠져 있는가? 영적 사실에 대한 확신으로 충만하다면 예레미야처럼 승리하게 될 것이다. 사자 굴에 들어가야 할 상황인가? 하나님이 다니엘처럼 지켜 보호하실 것이다. 불가운데 있는가? 사드락, 메삭, 아벳느고처럼 불꽃이 결코 사르지 못하는 응답이 당신에게 열릴 것이다. 그럴 일은 없어야겠지만 억울하게 감옥에 들어가게 된다면 바울과 같이 주의 이름을 높여 찬송하면 된다. 이상한 부인을 만나면 호세아의 응답을, 이상한 남자를 만나면 아비가엘의 응답을 기대하며 도전하라.

복음과 하나님의 축복, 언약을 가진 자는 문제 앞에서 흔들릴 이유가 없다. 구원받은 자 안에 예수 그리스도의 영이 함께하신다는 확신 속에 거하라. 이것은 단순한 위로가 아니다. 하나님의 확실한 약속이다.

° 연약한 모습 그대로 일어서라

당신은 많은 사람이 스스로 만들어낸 문제에 빠져 허우적거리고 있다는 웃지 못 할 사실에 대해 알고 있는가? 아마 당신도 그런 경험을 한 번쯤은 해보았을 것이다. 성경의 인물 가운데 야곱의 아들인 요셉의 형들을 보자. 축복받은 언약의 가문에서 가만히 있어도 응답을 누릴 텐데 요셉을 시기하여 구덩이에 빠뜨려 죽이려는 음모를 세우고, 결국 애굽에 노예로 팔아버리는 끔찍한 일을 저지르고 말았다. 스스로 문제를 자초하여 무너진 경우이다.

이스라엘의 초대 왕인 사울 왕은 또 어떤가? 나라를 든든히 할 후계자 다윗도 있고, 국가를 위해 기도하는 든든한 제사장 사무엘도 있겠다, 이 얼마나 감사한 일인가? 하지만 사울은 오나가나 불안한 것투성이었다. '다윗이 왕이 되면 어떻게 하지?', '사무엘이 나를 축복하지 않는 것 아닌가!' 사울은 문제와 근심을 끊임없이 생산해 낸 덕에 불안한 삶을 살다가 비참하게 생을 마감하고 말았다.

바로 우리 자신이 문제 아닌 것을 계속해서 문제로 만들고 있지는 않은지 돌아볼 필요가 있다. 뭐든 안 되는 사람, 발전이 없는 국가를 보면 스스로 문제를 만들어 어려움을 겪는 경우가 많다. 자신의 체질에 속아 문제의 구렁텅이에 빠지고, 스스로 만들어낸 문제 속에 빠져 지옥을 체험하게 되는 것이다. 이토록 연약한 것이 인간이다. 하지만 그 연약함은

낙심

염려

문제와 근심

어려움

방황

한계

불안

연약

황폐

불신앙

종국엔 하나님만 의지하게 하는 좋은 계기가 되기도 한다. 문제 속에서 한계를 느껴 절망하기도 하고 방황할 때도 있지만 잘 안 되고 있는 바로 그 상태, 바로 그곳이 진정한 자기 발견이 시작되는 가장 좋은 지점이라는 사실을 확실히 보라. 이런 사실적인 자기 발견이 있은 후에야 비로소 자신을 내려놓고 하나님만 바라볼 수 있게 된다.

형들의 미움을 받고 낯선 이방나라 애굽에 노예로 팔려 간 요셉의 여정을 보자. 절망이 그를 삼키려 할 때 오히려 우리의 요셉은 연약함을 인정하고 하나님이 함께하시는 절대 평안 속에서 기도로 모든 일을 하나씩 뛰어넘었다.

언약의 사람 모세 역시 언약의 비밀을 아는 히브리인으로써 애굽 왕궁에 양자로 와 있다는 사실과 자기 민족이 애굽의 노예가 되어 학대받는 현실을 정확하게 직시하고 있었다. 그래서 그는 하나님의 능력으로 이스라엘을 출애굽시키는 일에 지도자로 쓰임 받게 된다.

믿음의 거장 사무엘은 또 어떤가? 이스라엘이 멸망 받아 하나님의 말씀이 땅에 떨어지고 기도의 불이 꺼져 있다는 사실을 어려서부터 보아 왔다. 그랬기에 신실한 마음으로 하나님의 말씀을 전파하며 미스바운동을 일으켜 모든 우상을 불태우고 기도의 큰 힘을 회복했다.

이스라엘의 위대한 왕 다윗 역시 하나님을 모욕하는 이방나라 블레셋의 골리앗 앞에서 생명을 내어놓고 대적했다. 이스라엘이 어떤 나라인지, 그리고 자신이 누구인지를 분명하게 알고 있었기 때문이다.

이사야 선지자 역시 순교하면서까지 하나님의 말씀을 전파했고, 엘리사는 위기를 당할 줄 알면서도 엘리야의 부름에 즉각 순종하여 영감의 갑절을 얻었다. 바울은 최고의 전도자였지만 선을 행하고자 하는 데도 악을 행할 수밖에 없는 자신의 이중적 삶을 돌아보며 예수 그리스도의 은혜 없이는 살 수 없는 곤고하고 나약한 존재임을 솔직히 고백하고 있다.

설령 구원받았더라도 낙심할 수 있고, 넘어질 수 있다. 오히려 부족하고 연약한 존재라는 것을 깨달을수록 하나님의 능력이 필요하다는 사실을 더욱 깊이 알게 된다. 힘들면 힘들다고 하나님께 외쳐 보라. 어렵다면 어렵다고 부르짖어 보라. 바로 그 자리가 새로운 희망이 솟아나는 응답의 자리요, 축복의 자리이다. 넘어진 바로 그 자리에서 새롭게 시작하면 된다. 하나님을 떠나 죄 가운데 빠져 아무것도 할 수 없는 인간을 구원하려 하나님이 인간의 몸을 입고 이 땅에 오셨다. 그분이 바로 예수 그리스도시다. 예수 안에서 새롭게 거듭난 자만이 참된 희망을 꿈꿀 수 있다. 예수 그리스도만이 낙심과 절망 가운데 있는 인간에게 참된 평안과 기쁨을 주는 희망의 근원이다. 예수 안에서 믿음의 눈으로 자신을 바라보라. 그것이 참된 자기 발견이다.

°영적 사실을 분별하는 눈

35평 지하에서 개척하던 당시에 일어난 일이다. 어느 날 교회 앞에 난데없이 현수막 하나가 걸렸다. 헌데 제목이 참 거창해 보였다. "무슨 병이든지 고칠 수 있습니다!" 아픈 사람은 귀가 솔깃해지는 얘기가 아닐 수 없다. 장소와 시간도 상세히 적혀 있었는데 자세히 보니 치료하시는 분이 모 사찰의 스님이었다. 그것을 유심히 쳐다보던 안수집사님이 불쑥 한마디 던지신다.

"목사님, 과연 저 말이 맞을까요?"

"글쎄요. 아마 맞으니까 걸어놓지 않았을까요?"

"아니, 그럼 저게 가능한 일이라는 겁니까? 어째서요?"

다소 황당하고 과장돼 보이기도 한 그 문구가 진짜일 수도 있다는 내 말에 집사님은 꽤 놀란 눈치다. 하지만 현장에는 그런 일들이 비일비재하게 일어나고 있는 것을 어쩌겠는가. 실제로 어떤 이는 형상을 만들어 놓고 절하고 기도했는데도 소원이 떡 하니 이루어졌다고도 하고, 심각한 불치병에 걸려 무당을 불러다 굿을 세 번 하고 났더니 깨끗이 나았다는 사람도 있다. 머리로는 이해되지 않는 일들이 마치 기적처럼 펼쳐지고 있는 것이다. 그래서 혹 어수룩한 사람들은 이런 생각을 하기도 한다. '아하, 그럼 나도 그렇게 하면 되겠네.'라고.

바로 이쯤에서 우리는 영적 사실을 견지見地할 필요가 있다. 우상에 절을 해서 병이 낫고 소원도 이루어졌다면 어째서 성경에서는 강력하게 그런 일들을 금지하고 있는가? 이것이 우리가 놓치지 말아야 할 아주 중요한 영적 포인트이다. 실제로 형상에 절을 하거나 기도하고 주문을 외우고, 굿을 하거나 제사를 지내면 눈에 보이는 모종의 역사가 반드시 일어난다. 하지만 끔찍한 사실은 그것이 악령의 역사라는 데 있다. 성경에서 우상숭배와 제사, 불건전한 치유의 행위를 금하는 이유는 겉으로는 그것이 사물이나 조상을 섬기는 것처럼 보이지만 이를 통로로 사람을 조종하고 장악하려는 귀신이 강하게 역사하기 때문이다. 귀신은 결단코 인간에게 복을 내릴 수도 없고, 복을 주지도 않는 존재이다. 잠시 문제가 해결된 것도 같고, 유익을 주는 것처럼 보여도 악령의 도움을 받으면 결국은 더 큰 실패와 좌절, 심각한 문제의 구렁텅이로 빠져 들어가는 것을 막을 수 없다. 살인강도나 도둑의 도움을 받으면 나중에 문제가 오게 되는 것은 불 보듯 뻔한 일 아닌가.

"무릇 이방인이 제사하는 것은 귀신에게 하는 것이요 하나님께 제사하는 것이 아니니 나는 너희가 귀신과 교제하는 자가 되기를 원하지 아니하노라"고전 10:20

아무리 제사를 지내도 죽은 부모나 조상이 찾아오는 법은 없다. 조상과 부모를 가장한 귀신, 그들을 흉내 낸 악령이 사람들을 미혹하여 속이는 것이다. 만약 특정 장소에서 지속해서 제사를 지내면 그곳은 귀신이 역사하는 주된 통로가 되고 만다. 귀신은 이 같은 제사 행위를 지속하지 않을 땐 극심한 고통을 주고 지속하면 완전히 노예로 만들어 버린다.

예수님께서는 제자들을 현장으로 내어 보내시기 전에 더러운 귀신을 쫓아내며 모든 병과 약한 것을 고치는 권능을 주셨다. 그리고는 아무것도 염려하지 말고 현장에 가서 가장 먼저 이스라엘의 잃어버린 자들부터 찾으라고 말씀하셨다.

또한 칠십인 제자들을 두 명씩 짝을 지어 현장으로 내어 보내시면서 복음을 증거할 것을 말씀하셨다. 이들은 현장에서 예수 그리스도의 이름으로 귀신들린 자들이 치유되는 것을 분명히 목격하고 기뻐하며 돌아와 예수님께 보고했다. "주여 주의 이름이면 귀신들도 우리에게 항복하더이다"눅 10:17 예수님께서는 오히려 "귀신들이 너희에게 항복하는 것으로 기뻐하지 말고 너희 이름이 하늘에 기록된 것으로 기뻐하라"눅 10:20고 말씀하셨다.

사탄의 궤계를 아신 예수님께서 공생애 기간 가장 많은 부분을 말씀하시고 설명하신 부분이 바로 보혜사 성령이다. 성령께서 구원받은 자와 항상 함께하신다는 사실을 믿는다면 조금도 두려워할 필요가 없다. 그분이 늘 동행하시며 우리를 선한 길로 인도하시고 지키시기 때문이다.

불신자가 돌멩이에 절을 하면 악령이 역사하지만, 구원받은 자에게는 하나님의 영, 그리스도의 영이신 성령께서 언제나 역사하신다. 그렇기에 제사를 지낼 이유도, 굿을 할 필요도 없다. 오직 살아 계신 하나님만을 경배하고 예배하면 되는 것이다.

인간의 무능력함을 아시고 복음을 주어 구원하신 하나님, 전도의 축복, 눈에 보이지 않게 일어나는 성령의 역사, 사탄의 활동, 천국과 지옥, 기도할 때마다 펼쳐지는 천사들의 활동과 같은 영적인 사실을 온전히 분별하고, 이 사실 앞에 당신의 믿음을 드려 보라. 하나님의 말씀을 당신의 생각과 양심, 영혼 속에 담으면 이때부터 진짜 응답이 시작된다.

˚ 전도, 관찰부터 하라

마태복음 16장 20절을 보면 예수님께서 자신이 그리스도라는 사실을 아무에게도 알리지 말라고 제자들에게 경고하시는 장면이 기록되어 있다. 또 어떤 때는 은밀하게 전하라고도 하셨고, 뱀처럼 지혜롭게 하라고도 말씀하셨다. 어떤 경우에는 생명을 걸고 하라고도 하셨다. 사실을 정확하게 보고 그에 맞게 전도하는 것이 얼마나 중요한지를 몸소 보여주신 것이다.

그런데 우리는 어떻게 전도하고 있는가? 서울역이나 부산역에 가면 항시 전도하는 사람들을 만나게 된다. 그들은 한결같이 약간은 거부감이 드는 모습과 행동으로 큰 소리를 지르면서 전도를 한다. 전도에 대한 열의까지 폄하하고 싶지는 않지만 속으로 과연 저런 방법으로 올바른 전도가 되겠는가, 하는 생각이 드는 것이 사실이다. 한 번은 신축 아파트의 입주가 막 시작되는 곳을 지나게 되었는데 교인을 유치하기 위해 어느 교회에서 아파트 마당에 천막을 쳐 놓고 커피, 어묵을 가져다 놓고 전도 비슷한 것을 하고 있는 것을 보았다. 추운 날씨에 뜨끈한 어묵과 커피 한 잔 대접하는 것은 언 듯 보면 좋은 일처럼 보인다. 하지만 마음 한 자락에 아쉬움이 남는 것은 어쩔 수 없었다. 전도가 한 번의 행사로 그쳐서는 안 되기 때문이다.

그렇다면 무엇을 기준으로, 어떻게 전도 대상과 현장을 관찰해야 할 것인가? 개인을 전도할 때는 반드시 그 한 사람을 향한 하나님의 분명한 시간표가 있다는 사실을 숙지해야 한다. 성경에도 '영생을 주시기로 작정된 자'는 다 믿더라^{행 13:48}고 말씀하고 있다. 하나님이 예정하신 사람은 반드시 구원 얻는다는 말이다. 이 시간표 속에 '내가' 거하는 것이 전도이다. 그러니 억지로 영접시킬 필요도 없고, 전도를 한 후에 실패했다거나 성공했다는 생각을 할 필요도 없다. 무작정 전도하는 것보다는 성령의 인도를 따라 면밀히 관찰하는 것이 아주 중요하다.

어느 날 집사님 한 분에게서 전화가 걸려왔다. 자신의 집안은 평소 우상 숭배를 많이 했는데 원양어선을 타는 삼촌이 모처럼 집에 돌아오게 되었으니 이 기회에 꼭 복음을 전해주십사는 부탁이었다. 쾌히 승낙하고 그 집에 가면서 생각했다. 복음을 얼마나 잘 전하는가 하는 것보다 하나님의 구원 계획이 그분에게 있을지도 모른다는 사실, 그것을 보는 눈이 열리기를 기도하는 게 더 중요하다고 여겨졌다. 집에 도착해서 복음을 전하는데 웬일인지 말씀이 잘 전달되지 않는다는 느낌을 받았다. 예수님을 영접하겠느냐는 제의에 그는 다음에 하겠다며 정중히 거절했다. 그래서 기도만 해주고 집으로 돌아왔다. 그런데 얼마 지나지 않아 뜻밖의 전화가 걸려왔다.

"목사님, 저는 조금 전에 말씀을 전하셨던 그 사람의 친굽니다. 목사님이 말씀 전하러 오셨을 때 방해 될까 봐 옆방에 있었는데 문틈으로 목사님이 하시는 말씀을 다 들었어요. 그런데 희한하게 모든 말씀이 꼭 제게 하시는 말씀 같았어요. 혹시, 저도 예수님을 믿을 수 있을까요?"

그 말을 듣고 얼른 그분 집으로 가서 복음을 선포했다. 그런데 마치 스펀지처럼 말씀을 빨아들이는 것이었다. 영접기도를 한 후에는 하나님의 은혜에 너무 감사해서 그분의 머리에 손을 얹고 특별기도까지 해 주고 돌아왔다. 며칠 후 그분이 일하는 작업장에 들르게 되었는데 배 한 쪽 구석에서 조용히 기도하는 그의 모습을 보았다. 그날 하나님의 계획은 그분에게 있었던 것이다.

또 한 번은 성도가 아파서 심방을 하러 갔는데 방안에 낯선 사람이 앉아 있었다. 그때 순간적으로 하나님이 저 사람을 구원하시기로 작정했는지도 모른다는 생각이 스쳤다. 그래서 성도에게 말하는 척 하면서 영접 메시지를 선포했다. 말씀을 마치고 돌아보니 그분이 소리 없이 눈물을 흘리고 있었다. 그래서 바로 예수님을 믿겠느냐고 했더니 두말없이 믿겠다고 하는 것이 아닌가.

영원한 하나님의 계획 속에서 구원받은 내가 하나님의 심부름을 하는 것이 전도이다. 그러니 얼마나 하나님과 잘 통해야 하겠는가. 우리가 사람을 만날 때마다 전도를 늘 상기해야 하는 이유는 그가 구원 얻기로 작정된 자인지도 모르기 때문이다. 어제는 아니더라도 오늘, 그의 구원이 작정 되었는지 모르기에 늘 기도하면서 때를 얻든지 못 얻든지 복음을 전해야 한다. 이를 위해 가장 좋은 방법이 전도 자료를 평상시에 늘 준비하고 있다가 만날 만한 기회가 되었을 때 전달하는 것이다. 지속적으로 기도하다가 사건이나 문제를 통해 복음을 받아들일 시간표가 찾아왔을 때, 직접 복음을 전하거나 목회자나 전도자를 통해 복음을 듣게 하면 된다.

실제로 전도자가 전해 준 전도 자료를 통해 회심한 경우가 우리 주변에 꽤 있다. 집사님 한 분이 믿지 않는 친척을 위해 늘 기도하다가 어느날 자신의 집에 들른 친척에게 설교 테이프를 한 세트 선물했다. 그녀는 선물 받은 테이프를 차 트렁크에 놓아두고는 까맣게 잊어버리고 있었다. 그런데 어느 날 장거리 운전을 하던 중에 문득 선물 받은 테이프가 생각나 하나씩 꺼내 듣게 되었다고 한다. 그런데 웬일인가? 테이프에서 흘러나온 설교가 잔잔하게 마음을 감동시키기 시작했다. 테이프 일곱 개를 다 들은 후에 집사님에게 연락해서 전에 선물 받았던 설교를 더 구할 수 없겠느냐고 물었다. 테이프 자료 하나 때문에 결국 그는 교회에 등록하게 되었고, 남편까지 예수님을 영접하는 놀라운 일이 일어났다.

전도에는 반드시 하나님의 시간표가 있다는 사실을 명심해야 한다. 구원의 시간표가 있다는 사실을 알면 믿지 않는 가족을 바라볼 때 영적 여유가 생긴다. 하나님의 시간표를 바라보며 믿음을 가지고 지속해서 기도하면 어느 날 성령의 감동으로 하나님의 품으로 나아오게 되는 날이 반드시 있을 것임을 알기에.

특히 지역에서 전도할 때는 반드시 세 가지 현장 문화를 참고해야 한다. 우리 지역에서 가장 큰 영향력을 행사하고 있는 종교의 세력은 무엇인가, 우리 지역의 경제 수준은 어느 정도 되는가, 우리 지역의 특별한 문화는 무엇인가, 이 세 가지를 보아야 세밀한 성령의 인도를 받을 수 있다.

부산 영도 지역에 담임목사로 부임해 갔을 때 나는 가장 먼저 이 세 가지 질문에 대해 자세히 관찰하고 지역을 분석했다. 당시 영도에서 가장 큰 종교는 천리교였고, 경제 수준은 부산에서 하위에 속했다. 영도의 두

드러진 문화적 특성은 다른 지역에 비해 특히 무속인이 많다는 것이었다. 이 사실을 진단한 후에 은밀히 기도하면서 현장 속으로 파고들어 갔다.

가장 먼저 천리교에서 진행하는 수련회에 참석해서 그들이 주로 가르치는 것이 무엇인지를 관찰했다. 사람들은 병 고침에 큰 관심이 가지고 있었다. 그 사실을 알고는 금요철야 예배 시간에 치유에 관한 메시지를 집중적으로 선포했다. '병은 누가 고치는가? 하나님이! 누구의 믿음으로? 당신의 믿음으로! 누구의 이름으로 고침을 받는가? 예수의 이름으로!' 지역의 실정에 맞게 말씀을 선포했을 뿐인데 금요철야 현장은 말씀에 은혜 받으려는 사람들로 넘쳐나 축제 현장을 방불케 했다.

영도는 특히 우상숭배와 무속 세력이 강하게 역사하는 지역이다. 그래서 굿판도 심심찮게 벌어지는데 아침에 바닷가라도 나갈라치면 돌 위에 촛농이 한가득 떨어져 있는 것을 볼 수 있었다. 밤새도록 굿을 했다는 말이다. 현장의 상황이 너무 안타까워 이를 놓고 기도하던 중 사람들이 답답해하는 문제를 질문 형식으로 바꾸어 복음과 함께 전도지에 인쇄해 돌리기 시작했다. 그 내용은 이렇다.

혹시 당신은 여러가지 문제로
괴로워하거나 고민하고 있지는 않습니까?

01 열심히 살고 있는데도 무엇 때문에 사는지 의미가 없고,
이해할 수 없는 허무와 공허 가운데 방황하고 있지는 않습니까?

02 그래서 자신도 모르는 사이에 인터넷, 음란, 도박, 알코올, 게임,
마약에 중독되어 인간관계, 가정문제, 경제문제로 고통당하고 있지 않습니까?

03 혹은 분명히 경제적으로, 사회적으로 성공했는데도
말 못할 자신만의 고민과 계속되는 문제에 시달리고 있지 않습니까?

04 조상 대대로 우상을 섬기며 점치고, 굿하고, 부적을 붙여도
재앙과 어려움이 계속되고 있지는 않습니까?

05 그토록 노력하고 최선을 다해도 특별한 이유와 원인 없이
사업, 직장, 가정에 어려움이 계속되고 있지는 않습니까?

06 미래의 운명을 몰라 항상 불안하고 괴롭지는 않습니까?

07 스트레스로 시달리며 우울증으로 삶의 의욕을 잃고,
부정적인 생각에 사로잡혀 자살 충동을 느끼고 있지는 않습니까?

08 가정과 가문에 원치 않는 불치병이나 정신적인 질환으로
가족들이 고통당하고 있지는 않습니까?

09 가정불화로 인한 갈등 속에서 가출, 탈선, 불안, 초조 증세로
극심한 고통을 당하고 있지는 않습니까?

10 잘못된 친구관계로 인해 자녀의 가출, 타락, 방황, 도벽,
각종 중독 증세로 고민하고 있지는 않습니까?

11 밤마다 악몽, 가위눌림, 환상, 환청에 시달리고 있지는 않습니까?

12 종교를 갖고 있으면서도 참된 기쁨과 평안이 없고,
죄책감과 악한 영에 시달리고 있지는 않습니까?

13 신앙생활을 하는데도 참된 응답과 평안이 없고,
자꾸 불신앙에 사로잡혀 문제 앞에서 좌절하고 낙심하고 있지는 않습니까?

복음이 담긴 전도지를 나눠주었을 뿐인데 그 결과는 참으로 놀랍게 나타났다. 무속인들이 돌아오고 무속인을 찾아가려던 불신자들이 예수님을 영접하고 교회에 등록하는 일들이 일어나기 시작했다. 문제 앞에서 사실을 바라보면 깜짝 놀랄 하나님의 응답이 기다리고 있음을 깨닫게 된다.

° 문제 앞에서 기뻐하라

"박사님, 저를 좀 도와주세요. 제 힘으론 도저히 해결할 수 없는 문제 때문에 마음이 괴로워 미칠 것만 같아요. 문제없고 편안한 곳이 있다면 그곳을 좀 알려 주세요."

심각한 얼굴로 눈물을 글썽이는 청년을 물끄러미 바라보던 노만 빈센트 필 박사는 잠시 후 문제라고는 전혀 없는 사람들이 있는 곳으로 청년을 데려다 주겠다고 말했다.

"헌데 그곳을 보고 나면 가고 싶지 않을 수도 있네. 여기서 두 블록 밖에 떨어져 있지 않은 곳이지만……."

잠시 후 필 박사와 청년은 포레스트 로운 공동묘지에 이르렀다.

"저기를 보게나. 15만 명의 사람들이 있지만 어느 날 나는 저들이 하나같이 아무런 문제도 갖고 있지 않다는 사실을 알게 됐네. 죽으면 아무런 문제도 일어나지 않을 걸세."

독일의 유명한 염세주의 철학자 쇼펜하우어는 말년에 이런 말을 남겼다고 한다.

"인생이 무엇인지, 또 인생이 어디서 와서 어디로 가는가 하는 문제를 가지고 평생 살아왔지만 아직도 난 그 해답을 찾지 못했소. 그것을 알았다면 말년에 이토록 시름하진 않았을 텐데……. 그러나 인생이 죽음을 향해 가고 있다는 사실만은 분명하오!"

사람들은 끊임없이 다가오는 문제로 인해 수많은 좌절과 실패, 고통을 맛보며 인생을 살아간다. 그래서 어떤 이는 인생을 고통의 바다를 항해하는 것과 같다고도 말했다. 쇼펜하우어처럼 인생의 결론이 죽음이라는 사실만 알 뿐 그 이후에 펼쳐질 영원한 나라, 천국이 있다는 사실을 모른다면 이 땅에 살면서도 끊임없이 문제와 씨름하고 좌절을 겪으며 고통 속에서 살아가야만 한다. 특히 하나님을 모르는 인생은 눈에 보이는 문제뿐 아니라 이유 없이 닥쳐오는 저주와 운명의 문제에서 결코 자유로울 수 없다. 문제와 사건 앞에선 누구나 위축되기 마련이다. 자신의 능력으로 해결할 수 없는 일이기에 불평과 염려가 나올 수밖에 없다. 그러나 어떤 문제도 하나님의 언약 가진 당신을 이길 수 없다는 사실을 분명히 기억하라.

자주 하나님의 축복은 고난 혹은 고통이라는 가면을 쓰고 나타난다.

변장된 하나님의 축복은 시험이라는 옷을 입고 사람과 환경, 사건을 통해 나타날 때도 있다. 그래서 사람들은 쉽사리 낙망하고 그런 가운데 많은 축복을 놓치며 살게 된다. 왜 하나님께서 이렇게 하시는 걸까? 하나님의 참된 축복을 믿음 가진 자, 겸손히 인내하는 자, 끝까지 기도하는 사람에게 주시기 위해서이다. 어떤 사람은 시험과 고난을 통해 하나님께 더 가까이 나아가지만 어떤 이는 믿음이 더욱 연약해져 넘어지고 만다. 그 이유는 하나님의 방법을 몰랐기 때문이다.

자물쇠에는 반드시 열쇠가 있듯 문제에는 반드시 답이 있기 마련이다. 문제를 사실대로 본다는 것은 답을 제대로 본다는 의미가 된다. 성경의 인물들은 문제를 바라보는 전혀 다른 시각을 가지고 있었다. 이들은 문제와 사건 너머 응답을 보는 눈, 하나님의 숨겨진 계획을 바라보는 눈을 가지고 있었다.

홍해 앞에 선 모세는 지금까지 인도하신 하나님의 능력을 믿었기에 하나님이 우리를 위해 싸우시리라는 분명한 사실을 알고 있었다. 바울은 복음을 전한다는 이유로 로마의 지하 감옥에 갇히게 되었지만 오히려 그로 인해 예비 된 영혼이 구원받는 역사가 일어나는 것을 보고 하나님이 자신을 감옥에 보내셨음에 감사했다. 초대교회 현장은 또 어떤가? 핍박이 일어날 때마다 예상치 못한 응답의 큰 문이 열렸다. 핍박과 문제 속에는 하나님의 큰 응답과 계획이 반드시 숨겨져 있다는 사실을 유념하라.

가정에 문제가 있다면 평생 응답받을 제목임을 잊어선 안 된다. 교회에 문제가 왔다면 갱신의 축복 받을 절호의 기회이며, 세상을 살아가는 중에 문제가 왔다면 하나님의 능력을 증거할 응답의 기회이다. 문제와 사건이 왔다면 오히려 기뻐하고 감사하라. 이는 확실한 기도제목이 생겼다는 뜻이다. 감사함으로 기도하면 모든 지각에 뛰어난 하나님의 평강이 그리스도 예수 안에서 당신의 마음과 생각을 지키실 것이니 안심하라!

오늘 우리가 개인과 현장을 면밀히 관찰해야 하는 가장 큰 이유는 무엇인가? 잃어버린 생명을 향한 주님의 구원 계획이 감추어져 있기 때문이다. 현장은 지금 복음에 갈급하다. 젖먹이가 목이 말라 혀가 입천장에 붙었고, 극심한 굶주림에 시달린 어린아이들이 떡을 간절히 원하지만 떼어 줄 사람이 없는 형국이다. 생명의 길을 찾지 못한 수많은 인생이 고통의 길에서 방황하고 있다.

믿음의 눈을 열어 현장을 사실적으로 바라보라. 하나님은 반드시 당신에게 증거와 응답의 문을 여실 것이다. 사람 앞에서, 자신 앞에서, 펼쳐질 미래 앞에서 사실을 보고, 사실을 말하는 자가 되라. 이때 성공도 따라오고, 전도와 선교가 얼마나 중요한지, 후대를 위한 투자와 헌신이 얼마나 소중하고 가치 있는 일인지 알게 될 것이다.

저 믿음의 선진들처럼 담대한 마음으로 믿음의 길로 나아가라. 하나님이 당신과 함께하셔서 반드시 그의 일을 이루실 것을 확신하며.

The Greatest Gift in My Life

However, I consider my life worth nothing to me,
if only I may finish the race and complete the task the Lord Jesus has given me--
the task of testifying to the gospel of God's grace.
Acts 20:24

7

전도,
성경대로만 하면 너무 쉬워진다

"내가 달려갈 길과 주 예수께 받은 사명
곧 하나님의 은혜의 복음을 증언하는 일을 마치려 함에는
나의 생명조차 조금도 귀한 것으로 여기지 아니하노라" 행 20:24

CONTENTS

전도는 하나님의 전체 계획이며, 하나님의 목표인 동시에, 우주 만물을 움직이시는 하나님의 시간표이다. 전도는 그야말로 모든 것 중의 모든 것이라 할 수 있다. 나는 종종 전도를 종합선물세트로 비유한다. 그만큼 전도 안에는 하나님의 모든 축복이 감추어져 있다는 말이다.

˚저도 교회에 가면 안 될까요?

부산 모 교회에 전도사로 있던 시절, 당시 나의 가장 큰 고민은 그 어려운 전도를 어떻게 하면 쉽게 할 수 있을까, 하는 것이었다. 그런데 금요예배 때 부산은행에 근무하던 자매가 예수님을 믿고 난 후 너무나 행복해진 자신의 삶에 대해 간증하는 것을 듣게 되었다. 그 자매의 첫 한 마디가 전도에 대한 나의 편견과 상상을 여지없이 무너뜨리고야 말았다.

"3년 동안 교회에 오고 싶어서 얼마나 고민을 많이 했는지 몰라요."

어느 날부터인가 그녀의 마음에 생긴 간절한 소망 한 가지는 교회에 너무 가고 싶다는 것이었다. 그런데 주변에는 교회에 같이 가자고 말하는 사람이 아무도 없었다. 그래서 자신은 교회에 갈 자격이 없나 보다 하고 포기하고 있었다고 한다.

그러던 어느 날 용기를 내어 거리로 나선 그녀. 이 교회, 저 교회 기웃거려 봤지만 선 듯 혼자서 교회에 들어갈 엄두가 나지 않아 그만 되돌아오고 말았단다. 그리고 2주 후, 교회 앞에서 한복을 곱게 차려입고 주보를 나누어주던 여자 분들과 혹시 눈길이라도 마주치지 않을까 하는 마음에 어물쩍거리며 서 있어 보았단다. 하지만 야속하게도 말 한마디 건네는 이가 없어 하는 수 없이 그날도 그만 집으로 돌아오고 말았다.

일주일간 고민을 거듭한 끝에 스스로 교회에 가면 되지 않겠는가, 하는 생각이 들어 성경책을 들고 교회로 들어가는 사람을 무작정 붙잡고 물어보았다고 한다.

"저도 교회에 가면 안 될까요?"

그 사람은 흔쾌히 자기를 따라오라 했고, 드디어 꿈에 그리던 교회당에서 생애 처음으로 예배를 드리게 되었다. 예배 시작부터 끝까지 말할 수 없이 벅찬 감동이 밀려와 자신도 모르게 눈물이 하염없이 쏟아졌고, 목사님의 설교 말씀이 마치 자신에게 하는 말씀 같아 마음에 깊은 찔림을 받았다고 했다. 그때부터 신앙생활을 시작해 세례를 받고 금요예배에서 간증까지 하게 된 것이었다.

벌써 30년이 훌쩍 넘은 얘기지만 이 사건은 내게 처음으로 전도에 대한 강력한 동기를 부여해 준 잊지 못할 사건이 되었다.

그날 자매의 간증을 듣고 나서 풀리지 않았던 전도에 관한 큰 비밀을 깨닫게 되었다. 첫째, 전도는 어려운 것이 아니라 가장 쉬운 것이라는 것을 알게 되었다. 현장에는 분명 하나님이 예비하신 갈급한 심령이 숨겨져 있다는 사실을 발견했기 때문이다. 만약 그 자매의 사정을 알고 내가 가서 한 마디만 해줬더라면 어떻게 되었을까? 둘째, 현장에 복음 아닌 그릇된 진리를 전파하는 이단의 세력이 판을 치고 있지만, 하나님께서는 구원받아야 할 영혼을 친히 보호하고 계신다는 사실을 알게 되었다. 셋째, 나 자신을 포함해서 성도들이 지독히도 전도를 안 한다는 사실을 깨닫고는 나라도 전도해야겠다는 굳은 결심을 하게 되었다.

그때부터 현장을 뛰며 복음을 전하기 시작했다. 하나님은 가는 곳마다 전도의 문을 열어주셨고 그럴수록 맘속엔 전도하고픈 열망이 끊임없이 솟아올랐다. 차를 타고 가다가도 전도하기에 좋은 곳을 보게 되면 저기서 전도하면 참 좋겠네, 라는 생각에 가슴이 두근두근 뛰었다. 그리고 어느 순간 그럼 어떻게 전도해야 하나, 하는 생각이 꼬리에 꼬리를 물고 머릿속을 맴돌았다.

모든 생각이 복음과 전도에 맞춰지자 하나님의 은혜가 봇물 터지듯 현장에 임했다. 성경대로 오직 예수만 선포했는데 현장에는 구원의 역사가 일어났고, 그리스도의 제자가 현장 곳곳을 파고들어 복음의 동역자로 굳게 세워졌다. 부흥의 역사와 함께 시기 어린 핍박도 일어났지만 전도운동의 불길은 멈추지 않고 세계를 향해 뻗어나갔다.

*

성령의 역사를 체험할수록 머릿속에는 오직 영혼 구원, 전도에 관한 생각밖에 없었다. 심지어는 볶음밥도 복음밥으로, 진돗개도 전도개로 보일 정도였다. 그러다 보니 어느덧 '이렇게 하면 전도가 되겠다, 어? 이러니 전도가 안 되네, 전도가 안 되는 이유는 뭘까, 아하! 이렇게 하니 전도가 되어지네!'하는 사실도 체험하게 되었다. 성경을 깊이 있게 바라보는 눈도 열렸다. 전도에 관한 책자들도 참고하게 되고, 전도훈련을 시키고, 훈련을 받기도 하면서 '아, 성경에서 말씀하고 있는 전도가 바로 이런 것이구나!' 하는 사실을 그제야 어렴풋이 알게 되었다.

예수가 그리스도라는, 그 놀라운 구원의 비밀을 말해 주는 자가 없어 많은 영혼이 고통과 우고에 시달리는 현장을 보니 내가 살아있는 이유가 전도 때문임을 날이 갈수록 확연하게 깨닫게 되었다.

° 전도에 관한 세 가지 오해

"목사님, 왜 자꾸 전도만 하십니까? 전도가 전부입니까?"

목회자뿐 아니라 신학자 중에도 이런 질문을 던지는 이들이 있다. 하지만 그 질문을 꼼꼼히 들여다보면 전도에 관해 많은 오해를 하고 있음을 눈치챌 수 있다. 예수님께서는 승천하시기 전 "오직 성령이 너희에게 임하시면 너희가 권능을 받고"행 1:8라고 말씀하셨다. 주님이 우리에게 권능을 주셨다는 것은 어찌 보면 전부를 주신 것과 마찬가지다. 권능을 주신 이유가 무엇인가? 다른 것을 하라는 것이 아니다. "땅끝까지 이르러 내 증인이 되리라……" 예수님이 주신 권능을 힘입으면 자연스레 그리스도를 증거하는 전도자의 삶을 살게 될 것이라는 말이다. 전도는 신앙생활의 일부분이 아니다. 복음 그 자체이다. 전도 안에는 단순히 한 영혼을 구원하는 것뿐 아니라 성도의 삶을 살찌우는 하나님의 총체적 프로그램이 집약되어 있다. 그러니 전도와 신앙생활을 구분 짓는다는 것 자체가 어찌 보면 전도를 모른다는 말이 된다.

가장 정상적인 전도는 현장에서 복음을 누리고 있는데 하나님이 구원받을 자들을 붙이시는 것을 체험하는 것이다. 당신에게 수십억 원이 있다고 치자. 자랑하러 돌아다니지 않았는데도 저절로 돈을 빌리러 오는 사람이 생길 것이다. 다급한 사람, 어려운 사람, 가족과 친척까지 찾아와 급전을 요구할 것이다. 하지만 항상 빈곤하게, 거지처럼 지낸다면 어찌 되겠는가? 빌리러 오기는커녕 간혹 도와주러 몇 사람 들릴는지 모른다. 당신이 현장에서 성령의 능력을 힘입어, 감사함으로 복음을 누리고 있으면 응답의 문은 자꾸만 열린다. 이때 나를 향해 손을 내민 사람을 향해 내게 있는 것을 나눠주는 것이 전도이다. 이 비밀을 모르면 전도가 전부인가, 전도를 어떻게 해야 하는가 하는 우매한 질문을 하게 되는 것이다.

전도에 관한 또 다른 오해는 교회를 부흥시키기 위한 방법의 하나로 생각하는 교회가 많다는 것이다. 이들은 갖가지 전도방법을 찾아 여기 갔다, 저기 갔다 우르르 몰려다니느라 정신이 없다. 이 방법이 좋을 것 같으면 바짝 열을 올리다가도 계산이 안 맞으면 다른 방법을 찾아 저리로 몰려간다. 생명까지 내어놓고 복음 전해야 할 판국에 계산은 무슨 계산인가. 오히려 그 반대로 해야 한다. '전도하기 위해' 교회를 부흥시키고 힘을 모아야 하는 것이 맞다. 전도에 대한 기본적인 오해를 바로잡지 않으면 잘 되는 듯하다가도 결국 문제에 걸려 넘어지고 만다.

전도가 어렵다고 호소하는 이들이 상상외로 많다는 사실도 전도에 관해 오해하고 있음을 드러내는 단적인 증거이다. 이 말은 마치 밥을 주식으로 하는 사람이 밥 먹는 방법이 어렵다고 불평하는 것과 같다. 내게 없는 것을 주어야 한다면 어려운 일이지만 내게 있는 것, 내가 항상 누리고 있는 것을 나눠주는 것은 결코 어려운 일이 아니다. 내게 돈이 많다면 형편이 어려워 공부하는데 어려움을 겪는 학생을 도와주는 것쯤은 쉬운 일이다. 하지만 돈이 없어 굶어 죽을 판에 나보다 더 고통을 겪는 사람이 있다면 빌려서라도 도와주어야 하니 그게 어려운 일 아니겠는가.

전도가 어렵다며 전도를 배우려고 몰려다니는 이들이 많다는 것은 어찌 보면 참 심각한 얘기다. 그리스도를 모시고 사는 것이 그리 어렵고 힘이 드는가? 그래서 그분은 제쳐놓고 방법을 찾아 헤매는가? 말도 안 되는 소리다. 생명이 있으면 생명운동은 자연스럽게 일어나게 되어 있다.

*

˚불신자의 인생 이력서

그러나 이보다 더 큰 문제가 있다. 교회에 다니면서도 현장을 보는 눈이 열리지 않은 이들이 너무 많다는 사실을 알고 있는가? 현장의 갈급함을 보는 눈이 없으면 현장에 대한 안타까움도 생기지 않을 것이다. 현장에 대한 안타까움이 없으면 전도는 아예 시도조차 하지 못하는 결과를 가져오게 된다.

"예수께서 모든 도시와 마을에 두루 다니사 그들의 회당에서 가르치시며 천국 복음을 전파하시며 모든 병과 모든 약한 것을 고치시니라 무리를 보시고 불쌍히 여기시니 이는 그들이 목자 없는 양과 같이 고생하며 기진함이라"마 9:35~36

성도들이 놓쳐버린 현장에는 온갖 우상의 세력과 점술, 미신, 종교, 타락의 음울한 기운이 사람들을 엄습하고 있다. 시대가 발전할수록 예측못 할 사건사고로 마음의 병은 더욱 깊어지고 우울해진다. 영적, 정신적문제가 심각해져 자살률, 성 범죄율, 살인율은 날이 갈수록 높아지는 추세다. 거대한 문화의 형상을 한 사탄의 세력이 복음이 아닌 뉴 에이지와다원론 사상을 한껏 품고 똬리를 틀고 앉아 달콤한 죽음의 연기를 뿜어댄다. 그런데도 영적 감각이 무딘 사람들은 황홀함과 쾌락에 빠져 헤어

나올 줄 모르고 있는 형국이다. 골목골목마다 그릇된 사상을 전파하는 이단의 세력들이 판을 치고 다니며 예수가 그리스도인 사실을 부인하고 거짓 증거를 퍼트리며 유혹의 손길을 내밀고 있다.

한 개인의 인생은 어떠한가? 누구라도 한 번쯤 인생을 살면서 자신이 누구이며, 어디에서 왔다가 어디로 가는지, 진정한 행복이 무엇인지에 관해 생각해 본 적이 있을 것이다. 하지만 인간 근원의 정체성에 관한 목마름을 해결하기 위해 수고로이 해답을 찾아 헤매 봐도 어려움과 고통만 가중될 뿐, 설상가상으로 자신의 힘으로 해결할 수 없는 예측 불가능한 사건 사고로 인해 삶은 더 미궁으로 빠져들고 만다.

어떤 이들은 '남에게 해 끼치지 않고 착하고 성실하게 사는데도 난 늘 왜 이 모양이죠?' 라고 푸념하듯 말한다. 그런 사람들은 이상하게도 무엇을 해도 되는 일이 없고 자신에게만 불운이 겹치는 것 같아 끝 모를 두려움과 절망에 사로잡힌 채 참담한 생을 살아간다.

차라리 돈과 명예라도 있으면 괜찮을까? 그렇지도 않다. 오히려 선진국일수록 자살, 마약, 우울증, 정신병의 비중이 더 높게 나타나지 않는가? 과거의 희귀질환이었던 공황장애, 광장공포증, 은둔형 외톨이인 히키코모리와 반인륜적인 범죄를 일삼는 범죄자들에게서 많이 나타나고 있는 사이코패스 등과 같은 정신질환도 눈에 띄게 증가하고 있다. 돈도 많고 명예도 있지만 참된 행복이 없어 외롭고 공허한 마음을 이기지 못한 채 우울증에 시달리는 이들도 부지기수다.

또 어떤 이들은 환상, 환청, 정신병, 노이로제, 신경성 질환, 가위눌림, 병명을 알 수 없는 병 때문에 고통을 겪기도 한다. 자신의 삶에 드리워진 두려움의 그림자를 떨쳐버리지 못하고 사주팔자, 운명에 눌려 가슴 졸이며 사는 사람도 많다. 전도를 하다 보면 '하루하루 사는 것이 지옥 같아요.'라고 한숨을 내쉬는 이들을 심심찮게 보게 된다. 가정문제, 학업문제, 취업문제, 이성문제, 경제문제에 억눌리다 못해 자신의 힘으로는 이를 해결할 수 없어 술, 담배, 도박, 마약, 점술, 굿, 종교생활에 열심을 내어 보기도 한다. 하지만 심신만 피폐해질 뿐 고통만 가중되고, 결국은 자신을 이기지 못해 자살하고 싶은 충동 속에 살아가기도 한다.

또 자신은 아무런 문제도 없으며 행복한 인생을 살고 있노라 호언장담하는 이들도 있다. 이들은 대뜸 하나님이 필요 없다고 한다. 겉으로 드러나는 문제가 없으니 굳이 하나님을 믿을 필요가 없다는 것이다. 하지만 무신론자인 그들의 삶을 자세히 들여다보면 빙산의 일각처럼 드러나 보이는 행복에만 안주하고 있을 뿐, 홀로 영혼과 대면하는 시간엔 어쩔 수 없이 내면 깊숙이 감추어진 공허함과 마주하게 된다. 그리고 인생의 마지막 순간, 자신이 돌아가야 할 영원한 본향인 지옥에 관해서는 알지 못한 채 일생을 보내게 되는 것이다.

그 누구든 하나님을 만나지 못하면 사탄의 영에 사로잡혀 우상숭배를 하게 되고, 공허한 마음과 미래에 대한 불안 때문에 세상 풍속을 쫓아다니며 의지하게 된다. 하지만 불안과 고통은 더욱 심해질 뿐이다. 돈과 명예가 있어도 쾌락 속에 감춰진 허무를 이기지 못해 일생은 시달림의 연속이다. 이 땅에서 실컷 고생하다가 결국은 한 사람도 예외 없이 죽음을 맞게 되고, 사후에는 반드시 지옥으로 가게 되는데 자신이 겪었던 고통의 문제가 그대로 후손에게 유산으로 대물림되는 악순환을 겪게 된다.

이것이 지위고하, 동서고금을 막론하고 복음 없이 살아가는 인생에 들이닥치는 피할 수 없는 시간표이다. 인간에게 닥쳐오는 재앙을 막는 길은 오직 복음밖에 없다. 이것이 우리가 전도해야 할 분명한 이유이다.

˚현장을 향한 애통哀痛함

교회가 현장에 대한 안타까움이 없다면 그것은 교회의 사명을 저버린 것이다. 초대교회를 핍박한 바리새인들을 보라. 그들은 현재 자기 민족이 로마에 속국 되어 있는 데도, 자신의 아들, 딸들이 곧 전 세계로 흩어져 학살당할 것이 분명한데도 안타깝지 않았다. 미칠 정도로 안타까워해야 하는 게 정상 아닌가.

그들에게 안타까운 것이 있다면 지극히 가난하고 힘없고 무식한 사람들이 모여 기도하는 마가 다락방이 자꾸만 세력을 확장해 나가는 것이었다. 사그라지고 말 줄 알았는데 복음을 전하는 세력이 점점 커져 자신들을 위협할 정도가 되니 극도의 흥분 상태에까지 이르게 된 것이다. 엎친 데 덮친 격으로 예수 믿는 사람을 잡아오라고 보낸 엘리트 바울이 그만 예수 앞에 무릎을 꿇고 회개해 버린 일이 일어났다. 실컷 키워놓은 인재가 넘어가 버리니 미치도록 안타까운 것이다. 시간이 흘러 선교사로 나간다는 소문까지 들으니 더 환장할 노릇이다. 그래서 바울을 죽이기 전에는 먹지도 않고 마시지도 않겠다고 맹세한 사람이 사십여 명이나 되었다행 23:12~13.

그러나 바울은 현장을 보고 마음에 사무치도록 안타까움을 느꼈다. 심지어는 복음을 전한다는 이유로 유대인들에게 죽도록 돌로 맞은 후에도 성으로 들어가 말씀을 증거 하여 많은 사람을 제자로 삼고 그들의 마음을 굳게 했다행 14:19~22. 예수님이 제자들에게 "추수할 것은 많되 일꾼이 적으니 그러므로 추수하는 주인에게 청하여 추수할 일꾼들을 보내 주소서 하라"마 9:37~38고 말씀하신 것처럼 현장엔 구원받을 자들이 많지만 전도자들은 너무나 부족한 형국이다.

모든 중직자와 그리스도의 제자들이 하나님의 마음을 시원케 하는 축복의 주역으로 현장에 서야 한다. 로마서 16장의 숨겨진 주역인 뵈뵈, 브리스가와 아굴라, 에배네도, 마리아, 안드로니고와 유니아, 암블리아, 우르바노와 스다구, 아벨레, 아리스도불로의 권속, 헤로디온, 드루배나와 드루보사, 가이오처럼 복음으로 현장을 살릴 주역의 역할을 감당해야 한다. 자신의 전문성을 살려 현장에서 예수 생명운동을 힘차게 전개하여 어둠에 빠져 있는 안타까운 현장에 빛을 비춰야 할 사명이 우리에게 있다.

초대교회는 전도부터 하지 않았다. 예수님의 말씀을 믿고 성령의 역사가 일어나기를 믿음으로 기다리기만 했는데도 언약 잡은 이들이 모인 현장에 흑암의 세력이 꺾여 하나님의 나라가 임하고, 성령의 능력과 증거가 나타나기 시작했다. 이것이 바로 제자 훈련과 전도운동의 시작이다. 이것이 모든 성도가 항상 누려야 할 시작이며 모든 것이 여기에서부터 시작되어야 한다. 지금 당신이 해야 할 일은 그리스도 안에 모든 것이 예비 되어 있다는 사실을 믿고 기도의 무릎을 꿇는 것이다. 바로 여기에서 우리 인생의 모든 해답이 다 나오게 된다.

° 성경대로만 하면 전도가 너무 쉬워진다

전도는 하나님의 전체 계획이며마 24:14, 하나님의 목표인 동시에행 1:8, 우주 만물을 움직이시는 하나님의 시간표이다행 13:48. 전도는 그야말로 모든 것 중의 모든 것이라 할 수 있다. 나는 종종 전도를 종합선물세트로 비유한다. 그만큼 전도 안에는 하나님의 모든 축복이 감추어져 있다는 말이다. 하나님은 모든 성도를 복음 없어 갈급해 있는 현장을 살릴 전도의 주역으로 세우셨다. 앞서 얘기한 대로 전도는 우리가 생각하는 것만큼 어렵지 않다. '야, 교회에 얼른 와라. 나 같은 사람도 구원받는데 너는 금방 받을 수 있어.' 하면서 쉽게 전도하면 된다. 요한복음에 등장하는 수가성 여인을 보라. 그녀는 예수님이 그리스도라는 사실을 믿자마자 곧장 뛰어가 전도했다.

"여자가 물동이를 버려두고 동네로 들어가서 사람들에게 이르되 내가 행한 모든 일을 내게 말한 사람을 와서 보라 이는 그리스도가 아니냐 하니 그들이 동네에서 나와 예수께로 오더라…여자의 말이 내가 행한 모든 것을 그가 내게 말하였다 증언하므로 그 동네 중에 많은 사마리아인이 예수를 믿는지라"요 4:28~30, 39

성경에는 거의 완벽한 전도의 방법이 나와 있다. 이 비밀을 깨달으면 전혀 힘들지 않고도 전도할 수 있다. 그러나 잘못 깨달으면 힘도 들고 돈도 들고 열매도 없고 부담만 가중된다. 초대교회는 드러내놓고 예배를 드릴 수 있는 처지가 아니었다. 유대인의 핍박을 피해 은밀하게 모일 수밖에 없었다. 요즘처럼 현수막을 갖다 붙이고 주보를 돌리고 부흥회나 세미나도 할 수 없었지만 영적 파워만은 대단했다. 마가 다락방 120여

명의 기도로부터 시작된 복음의 불길이 250년 만에 로마를 강타하여 기독교 국가로 변화시키고야 말았다. 나라 전체에 예수 믿는 사람들이 넘쳐났고, 하나님은 로마의 군로, 상로, 고속도로를 통해 온 유럽에 복음을 확장시켰다.

신기한 사실은 그 시작이 의외로 간단했다는 것이다. 땅 끝까지 복음을 전파하라_{마 28:19~20}는 예수 그리스도의 지상 명령을 받은 초대교회 성도들은 그 사명을 감당하기 위해 주님의 마지막 분부를 따라_{행 1:8} 마가의 다락방에 모여 전심으로 기도하며 약속하신 성령을 기다렸다.

힘의 원천인 성령의 충만을 받은 후 그들은 가는 곳마다 오직 하나님이 기뻐하시는 방법으로만 전도했다. 예수 그리스도의 생명과 능력만이 그들이 증거 할 유일한 복음의 내용이었다. 그들은 가는 모든 현장 속에서 자신들이 체험한 예수가 바로 인류의 모든 문제를 해결하신 그리스도시요, 성경대로 죽으시고 성경대로 부활하신 하나님의 아들이라는 원색의 복음만을 선포하고 또 선포했다. 한마디로 그들은 그리스도운동, 임마누엘을 누리는 믿음운동, 예수 그리스도의 권능으로 구원과 회복의 역사가 일어나는 능력운동을 전개한 것이다.

"그들이 날마다 성전에 있든지 집에 있든지 예수는 그리스도라고 가르치기와 전도하기를 그치지 아니하니라"행 5:42

*

그 결과 어떤 일이 일어났는가? 성령의 충만한 은혜가 임했고, 사방으로 전도의 문이 열렸으며, 하나님의 말씀이 예언대로 성취되었다. 제자가 우후죽순 일어나고 현장에 성령의 역사가 기적적으로 펼쳐졌다. 제사장, 서기관, 바리새인의 핍박, 심지어 금족령과 사형의 위협 앞에서도 마가 다락방에 모인 제자들은 자신의 현장에서 하나님이 예비하신 이들을 찾아 지속적으로 예수가 그리스도라는 언약 증거 하기를 쉬지 않았다. 복음을 전한다는 이유로 야고보 사도는 죽임을 당했다. 베드로는 여러 번의 구속과 함께, 예수의 이름으로 앉은뱅이를 일으켜 세웠다는 이유로 법정에까지 서게 되었다. 복음 전파의 명분으로 이단 누명을 쓴 스데반은 급기야 사형에까지 처해지게 되었다.

스데반의 순교 이후 예루살렘에서 시작된 박해를 피해 흩어진 이들은 안디옥에 이르게 되었다. 제자들은 안으로는 만남의 축복을 통해 제자를 찾아 굳건히 하는 일을 행했고, 교회 밖으로는 팀을 이루어 제자를 찾는 전도사역을 진행해 나갔다. 주의 손이 함께하자 하나님의 은혜를 보고 제자의 큰 무리가 모여들었다. 종교문제에 시달리는 사람, 신비주의에 빠진 이들, 실패로 고통당하는 자, 심지어는 우상문화, 귀신, 제사문제에 빠진 이들이 구원 얻는 역사가 일어났다.

이후 유대인들의 핍박은 더욱 냉혹해져 심지어 깡패를 동원할 정도로 완악해졌고, 이방종교의 극심한 핍박은 이들을 더욱 은밀한 전도 방법으로 이끌었다. 그것이 바로 성경 곳곳에 등장하는 루디아의 집행 16:40, 야손의 집행 17:5, 브리스가와 그 집에 있는 교회고전 16:19, 눔바와 그 여자의 집에 있는 교회골 4:15와 같은 가정 교회이다. 이는 제자들로 하여금 기도의 힘이 있는 삶, 말씀이 깨달아지는 삶, 현장과 연결되는 삶으로 인도해 치유의 역사를 일으켰을 뿐 아니라 가문과 가정의 우상, 제사, 미신, 점술 문제를 해결하는 숨은 전략이 되었다.

이러한 역사 후에 자연스레 따라온 응답은 전도자 개인의 생업일, 산업, 학업을 통해 전문성의 응답을 누리는 것이었다. 브리스가 부부는 그들의 직업인 천막 만드는 일을 통해 같은 일에 종사하는 전도자 바울을 만났고, 이후 하나님의 축복으로 굉장한 응답을 받았음이 기록되어 있다. 주석에 따르면 이들은 거부가 될 정도로 경제 축복을 누렸다고 한다.

그뿐인가. 모든 지역에 전도 팀을 심어 평일에도 지역 현장에서 흑암과 우상 문화를 무너뜨리고 제자를 찾아 지역을 변화시키는 현장 교회 시스템이 계속해서 만들어져 나갔다. 이것이 바로 개인, 만남, 가정, 기능, 지역의 응답을 누리도록 만드는 초대교회의 숨은 전도전략이었다.

이 비밀이 없으면 아무리 전도를 하려고 해도 잘 되지 않을 것이다. 무작정 거리로 나가 전도지를 나누어 주는 것도 전도의 한 방법이 될 수 있지만, 설령 그렇게 해서 영접한다손 치더라도 지속해서 양육하기는 무척이나 어렵다. 하지만 전도의 문만 발견하면 전도는 의외로 쉬워진다.

문이 아닌 다른 곳으로 가려 하니 힘든 것이다.

어떻게 시작하면 될까? 우선, 당신과 관련된 사람 중에서 하나님을 모르는 사람을 떠올려 보라. 엄밀히 말하면 그들은 하나님이 당신에게 맡겨주신 영혼들이다. 전도부터 하려 하지 말고 조용한 시간에 지속해서 그들의 이름을 부르며 전심으로 기도를 시작해 보라. 사탄은 진리가 들어가지 못하도록 교묘하게 훼방하기 때문에 예수 그리스도의 이름으로 사탄의 세력부터 꺾어야 한다고후 4:4. 그러다 보면 어느 날 전도의 문이 열리는 하나님의 시간표가 오게 된다. 그때 복음을 전하면 된다. 두 번째 전도의 문은 교회에 인도되어 온 새신자이다. 새신자 주위에 전도할 대상자가 숨겨져 있기 때문에 새신자를 지속적으로 양육하고 일주일에 한 번이라도 만나 말씀과 간증, 예배를 통해 성장하도록 도와준다면 이것보다 큰 전도의 문은 없을 것이다. 셋째는 교회 안에 예비 되어 있는 충성된 자와 사명자들이 너무나 중요하다. 이들을 발견해내어 지속적으로 현장에 나가 말씀운동을 하도록 도와주기만 하면 된다.

교회 내부적으로는 중직자와 담임목사교역자, 개인과 전문팀, 후대, 평신도, 이 다섯 가지 조직이 하나 되어 연합할 때 폭발적인 전도가 일어나게 된다. 중직자는 담임목사와 교역자, 교회 안의 각 기관과 전문인들, 새가족과 교인의 상태를 충분히 이해하고 실제적으로 교회 전체의 전도를 면밀히 기획해야 한다. 교역자는 중직자의 전도기획과 연계하여 마

하나님이 가장 기뻐하시는 일은
우리 각자가 속한 현장에서 하나님의 방법으로 예수 생명, 예수 능력을
증거 하는 말씀운동을 지속해서 펴는 것이다.

이것이 성경적 전도 방법의 핵심이다.

치 어부가 바다 밑의 움직임을 훤히 들여다보는 것처럼 복음 들고 달려가야 할 곳을 정확하게 예측하고 현장 상황을 손바닥 보듯 꿰뚫고 있어야 한다. 교회 안의 모든 개개인은 일생을 사는 동안 전도를 아는 사람과의 만남을 통해 열매 맺는 응답을 누리기 위해 기도하고, 기능별로 전문팀을 구성하여 현장을 전문적으로 파고들어가 실제적인 전도를 진행할 수 있게 기도해야 한다. 또한 후대들이 가정문제, 세상문제, 사회와 교회문제, 미래준비를 할 수 있도록 실제적인 눈을 열어주어야 한다. 마지막으로 평신도들은 말씀이 성취되는 현장에서 최선을 다해 주역의 역할을 감당할 수 있기를 기도하라.

이때부터 교회와 현장이 살아나는 신기하고 놀라운 역사가 일어나기 시작한다. 복음과 능력, 생명만 선포하는 현장에 구원받을 자들이 몰려들고, 날이 갈수록 신앙이 성장하는 기쁨을 맛보게 된다. 현장에서 주일 강단 말씀이 성취되는 응답을 본 성도들이 주일에는 생기가 넘쳐흘러 교회로 모여든다. 전도의 열정으로 가슴이 뜨거운 성도들이 모여 말씀을 받고 기도하니 성령이 역사하는 예배가 된다. 이들이 다시 주일에 받은 말씀을 가지고 현장으로 흩어져 생명과 능력을 증거 하니 계속해서 복음운동이 확산되고 하나님의 나라가 확장되는 것이다.

하나님이 가장 기뻐하시는 일은 우리 각자가 속한 현장에서 하나님의 방법으로 예수 생명, 예수 능력을 증거 하는 말씀운동을 지속해서 펴는 것이다. 이것이 성경적 전도 방법의 핵심이다.

° 버려져 있는 99%의 현장

교회 근처에 모 종교단체에서 건립한 병원이 있었는데, 안타까운 마음에 교인들에게 병원에 들어가서 전도를 하라고 부탁한 적이 있었다. 하지만 지속해서 말씀운동을 하는 사람이 나오지 않아 내가 직접 들어가 전도하게 되었다. 그런데 자세히 보니 이단 단체에서 나온 네 명의 멤버들이 아예 그곳에서 상주하며 잘못된 교리를 전파하고 있었다. 병원 관계자에게 예수 믿는 사람이 있느냐고 물었더니 간호사 한 명을 소개해주었다. 그 사람을 불러서 예수 믿는 사람을 모아달라고 부탁했다. 간호사는 개원할 때부터 전혀 표시 나지 않게 교회를 다니고 있던 기사 한 분을 찾아내어 데리고 왔다. 그 두 사람에게 복음을 굳건히 하고 사명을 심어줬는데 놀랍게도 병원 안에 불신자들이 영접되고 살아나는 생명의 역사가 일어나기 시작했다.

불심이 깊기로 소문난 이명화 씨는 돈을 잘 융통해 주기로 유명했는데 어느 날 빌려준 돈을 받으러 친구의 집을 방문하게 되었다. 때마침 그 집에서 성경공부 모임이 이루어지고 있었는데 그 사실을 몰랐던 명화씨는 평소처럼 방문을 벌컥 열어젖히며 부산스럽게 들어갔다. 옹기종기 모여 있던 사람들의 눈이 일제히 명화씨에게로 쏠렸다.

"반가워요. 어서 들어와 앉으세요."

사람들의 열렬한 환영을 받은 명화씨. 원체 낯가림 없이 괄괄한 성격인지라 얼떨결에 방 한구석을 차지하고 앉았지만 대체 이게 무슨 일인가 싶었다. 그런데 웬일인가? 성경 말씀이 듣는 족족 마음에 와 닿아 고개까지 절로 끄덕여지는 것이 아닌가. '아……, 내가 이걸 들으려고 이 집에 왔구나.' 하는 생각까지 들었다. 결국 그 자리에서 예수님을 영접하고 교회까지 등록해서 신앙생활을 시작하게 되는 놀라운 일이 일어났다.

그러던 어느 날 명화씨가 큰일을 벌이고야 말았다. 딸 셋과 사위 셋을 불러 놓고 전부 교회에 나오라고 협박 아닌 협박을 한 것이다. 장모님의 성격을 잘 아는 사위들은 끝내 거부하지 못하고 반강제로 교회에 등록할 수밖에 없었다. 헌데 웬일인가? 신앙이 날로 자라 집사 직분까지 받고 차량 봉사까지 하면서 얼마나 신앙생활을 잘하는지 모른다. 복음을 순수하게 받아들이고 예수님을 믿자마자 가족까지 몽땅 등록시킨 명화씨 가정에 하나님의 은혜가 차고 넘쳤음은 말할 것도 없다.

전도하다 보면 희한한 일도 많이 일어난다. 하루는 벤치에 앉아 있던 청년에게 전도지를 건네며 예수를 믿으라고 했는데 대뜸 뭣 하러 이렇게 좋은 종이에다 인쇄를 했느냐며 시비부터 걸었다. 여차여차 복음을 전했더니 옆집에 예수 믿는 사람이 있는데 그 여자 성질이 너무 괴팍해서 자신은 절대 예수를 믿지 않겠다고 으름장을 놓는 것이었다. 그래서 이렇게 말해 주었다.

"저 같이 부족한 사람 때문에 그렇습니다. 저도 예수 믿기 전에는 여러 모로 부족한 사람이었는데 예수를 믿고 나서 이 정도로 변화된 겁니다. 아마 그 여자 분도 시간이 좀 걸리나 보네요. 이해해 주세요. 하지만 그분 때문에 당신이 지옥에 갈 이유는 없지 않습니까?"

그 청년은 그날 하나님이 예비해 놓은 사람이 아니었기에 오래 시비하고 있을 이유가 없었다.

거기서 조금 떨어진 곳에 한 청년이 고독한 낯빛으로 앉아 있기에 복음을 전했다. 그런데 눈물을 뚝뚝 흘리며 말씀을 듣는 것이 아닌가. 복음을 다 전한 후에 예수님을 믿겠느냐고 했더니 순순히 그러겠다고 했다. 영접을 하려고 손을 맞잡으려는데 깜짝 놀라고 말았다. 그에겐 오른손이 없었다. 그래서 왼손을 부여잡고 예수님을 영접하는 기도를 드렸다.

조금 후에 청년이 꽉 쥐고 있던 자신의 주먹을 펴보였다. 놀랍게도 손에는 약이 한 움큼 들려져 있었다. 그 시각 청년은 자살을 결심하고 그곳에 앉아 있었던 것이다. 하나님의 인도는 참으로 놀랍고 신기하다. 그는 그 후 교회에 등록해서 다른 청년들과 어울려 함께 찬양도 하고 은혜도 받았다. 하나님이 그 청년 때문에 나를 그곳으로 보내어 복음을 전하게 하신 것이다.

복음이 얼마나 엄청난 축복인지 모르는 이들에게 내가 알고 누리는 복음을 전하기는 아주 쉽다. 나와 함께하시는 하나님의 증거가 내가 있는 현장에서 다른 이들에게 보여지는 것 또한 최고로 복된 일이 아닐 수 없다. 흑암과 저주의 세력을 이기고 승리하신 예수 그리스도를 따라가면서 승리의 깃발을 꽂는 일, 이것이 바로 전도이다. 그리고 전도는 철저히 하나님의 일이며, 우리는 하나님의 심부름을 할 뿐이다. 그러니 하나님과 통하기만 하면 전도보다 쉬운 게 없다.

우리 주변에는 버려져 있는 99%의 현장이 있다. 이 현장에 하나님의 계획이 담겨 있다. 모든 성도가 현장에 주역으로 서기를 하나님은 간절히 원하고 계신다. 교회 안만 바라보면 주역은 한두 명으로 족하지만, 현장을 바라보았던 초대교회 제자들은 각자의 현장에서 모두 주역의 역할을 감당했다. 이들은 한결같이 현장에서 그리스도의 빛을 밝히는 하나의 등대였다. 교회 안의 모든 중직자와 제자, 평신도를 현장의 주역으로 만드는 것이 하나님의 가장 큰 계획이다. 마가 다락방에 모인 초대교회 성도들은 이 비밀을 깨달았고, 이것이 제자훈련의 아주 중요한 부분임을 알고 있었다.

˚현장을 살리는 파수꾼

예수님은 우리를 부르실 때부터 "자기와 함께 있게 하시고 또 보내사 전도도 하며 귀신을 내쫓는 권능도 가지게 하려"하셨다고 말씀하셨다막 3:14~15. 그러니 당신은 갖가지 염려를 던져버리고 하나님의 거룩한 소명을 따르려는 믿음의 결단만 하면 된다.

지금, 당신이 있는 그곳에서 현장을 지키는 기도의 파수꾼, 말씀의 파수꾼, 전도의 파수꾼으로 굳게 서라.

"예루살렘이여 내가 너의 성벽 위에 파수꾼을 세우고 그들로 하여금 주야로 계속 잠잠하지 않게 하였느니라 너희 여호와로 기억하시게 하는 자들아 너희는 쉬지 말며 또 여호와께서 예루살렘을 세워 세상에서 찬송을 받게 하시기까지 그로 쉬지 못하시게 하라"사 62:6~7

우리의 기도는 단순한 기도가 아니다. 하나님의 자녀 된 신분과 특권을 가지고, 21세기라는 미래를 두고 하나님 앞에 드리는 기도이다. 지역과 나라, 전 세계를 살려낼 주역임을 잊지 말고 여호와로 하여금 쉬지 않게, 여호와 하나님으로 하여금 기억하게 하는 기도의 비밀을 언제나 누리는 기도의 파수꾼으로 든든히 서라. 하나님은 종일종야 우리를 위해 응답하겠다고 약속하셨다. 믿음의 기도는 100% 응답된다는 사실을 반

당신이 있는 그곳에서 현장을 지키는
기도의 파수꾼, 말씀의 파수꾼, 전도의 파수꾼으로 굳게 서라.

*

내 인생 최고의 선물

드시 기억해야 한다.

그리고 우리는 모든 현장에 하나님의 말씀을 전달하는 말씀 파수꾼의 응답을 누려야 한다. 복음이 없어 고통당하는 세계 현장에 복음을 전달하여 생명을 구원하는 복음의 파수꾼이 바로 당신이 되어야 한다. 모든 현장이 복음을 듣게 하기 위해서는 먼저 우리부터 완전한 복음을 누려야 한다. 완전 복음 속에 거하는 자는 사실상 모든 부분에 있어 성공하게 되어 있다.

많은 사람이 말씀을 듣게 하기 위해서는 생명의 빛을 밝히는 것이 가장 중요하다. 하나님께서는 이 빛을 선포하기 위해 우리를 불렀다고 말씀하셨다벧전 2:9. 빛을 증거하는 자의 삶이 얼마나 아름다운가? 생명을 전달하는 자의 인생보다 더 가치 있는 삶은 없을 것이다. 전도는 생명 사역이기에 사탄이 가장 무서워하고 싫어하는 일이지만 하나님이 보실 때는 가장 귀중한 일이다. 하나님은 전도자에게 성문으로 나아가 대로를 수축하고 모든 길을 평탄케 하며 높은 산, 작은 산을 다 깎으라고 명하셨다. 복음을 위해 모든 교만과 고집을 내려놓고 의심과 불신앙의 골짜기를 메워 굽은 길을 곧게 하며 만민이 모두 볼 수 있도록 기를 높이 들라고 말씀하셨다.

또한 하나님은 영적 지역 사령관으로 우리를 세우셨다. 자신이 속한 지역에서 조용히 빛을 밝히고 문이 열리는 대로 말씀운동만 전개하면 어둠의 세력은 도망간다. 하나님이 복음 가진 성도를 축복하시는 이유는 다른 사람을 살려야 하기 때문이다. 이 눈이 열리면 천하에 기근이 들고, 불경기가 와도 경제가 살아나는 역사가 일어난다. 내가 있는 현장에서 하나님이 주시는 영적인 힘을 갖추는 것이 전도운동의 핵심이다.

지금부터 새롭게 결단하라. 생각을 바꾸어 복음 안에서 모든 것을 기회로 만들라. 문제도 기회로 만들고, 사건도 기회로 만들어라. 복음의 뿌리를 깊이 내리면 모든 일에 승리하게 된다. 분쟁하고 화날 일이 있어도 뛰어넘으라. 용서하고 양보하라. 사탄을 기쁘게 할 이유가 없기 때문이다. 지금부터 모든 것을 기도와 전도로 연결해보라. 그것이 바로 24시 응답과 축복을 누리는 최고의 방법이다. 우리의 걸음마다 하나님의 계획이 이루어지고 하나님의 축복이 임하게 될 것이다.

˚전도자, 그 거룩한 부르심

하나님은 심령이 마비되지 않은 자, 하나님의 말씀을 떨리는 마음으로 받는 겸손한 자를 쓰신다. 마음이 주님께로 끌리고 마음을 주님께로 드리는 자에게 하나님은 지혜도 주시고, 전도의 문도 열어 주신다. 하나님은 무디에게 100만 명의 제자를, 찰스 피니에게 50만 명의 일꾼을 붙이셨다. 예수님께서 앞을 못 보는 바디매오 앞에 잠깐 걸음을 멈추셨을 뿐인데 바디매오의 눈이 열렸다. 하나님께서 1초만 우리를 축복해도 놀라운 역사가 일어난다. 문제는 주님이 쓰시느냐, 쓰시지 않느냐, 내 마음이 주님께로 향해 있는가, 아닌가 하는 것이다.

당신의 마음은 생명력이 넘쳐흘러 살아 움직이고 있는가, 생명력을 잃어버린 채 기진맥진해 있는가? 마음이 살아야 한다. 하나님을 향해 마음이 열려 있지 않고 자신의 지식과 경험에 의지하는 사람은 아직 덜 답답해서 그런 것이다.

우리가 있는 지역을 살리려면 그 지역을 움직이는 힘 있는 세력이 하나님을 아는 자, 복음의 비밀을 아는 자로 바뀌어야 한다. 지역복음화의 주역, 세계복음화의 주역이 누구인가? 바로 이 비밀을 알고 있는 당신, 마음이 살아 있고, 중심이 여호와께로 향해 있는 당신이다.

현장에는 풍랑 만나 죽어가는 사람이 너무나 많다. 세상은 풍랑을 만났는데 풍랑을 잠재울 유일한 해답을 가진 교회는 잠들어 있고 성도는 전도보다 세상일에 더 바쁘다. 인생이 어디에서 와서 어디로 가는지 모르는 사람이 너무 많다. 구원의 확신 없이 종교생활 하는 사람은 또 얼마나 많은가? 그들에게 생명의 복음을 전달해야 한다.

나는 늘 구원의 큰 은총을 베푸신 하나님께 사랑한다고 고백한다. 그리고 내가 받은 이 복음을 생명이 다하는 날까지 전할 수 있도록 힘을 달라고 마음을 모아 기도한다. 하나님은 전도운동을 위해 눈에 보이지 않는 수십만 명의 기도 중보자들을 움직이고 계신다. 그들의 하나 된 기도의 힘이 오늘도 나를 오직 복음만 전하는 전도자로 현장에 서게 하는 원동력이 된다는 사실을 잘 알고 있다.

진짜 하나님의 축복을 받은 사람은 "주여!"라고 부르짖기만 해도 가슴이 불타오른다. 바울은 이 비밀이 너무 커서 24시간, 평생 주를 찬양하리라 고백했다. "만일 내게 만 개의 입이 있다면 그 모두를 가지고 예수 그리스도를 찬양할 텐데……." 위대한 영적 거장 요한 웨슬레는 절친한 친구였던 피터 뵐러의 고백에 심장이 터질 듯한 강력한 도전을 받게 된다. 그리고 그 은혜로운 고백을 자신의 유려한 시에 담아 하나님을 향한 사랑을 아무도 흉내 낼 수 없는 생명의 언어로 꽃피웠다. "만 입이 내게 있으면 그 입 다 가지고 내 구주 주신 은총을 늘 찬송하겠네"찬송가 23장 구원의 은혜가 얼마나 감사하면 이런 고백을 드렸겠는가!

전도는 해도 좋고, 안 해도 좋은 것이 아니다. 전도는 지식인이나 성경을 많이 배운 사람이 하는 것이지, 나는 안 해도 된다고 생각하면 크게 잘못 생각하고 있는 것이다. 어떤 이는 '각각 받은 은사가 다른데 전도 은사를 받은 사람이 전도해야 하는 것 아니냐?'고 말하기도 한다. 천만의 말씀이다. 각양 다른 은사를 받았어도 목적은 오직 복음 전파요, 다양한 직업을 가졌어도 그 목적만큼은 전도와 선교가 되어야 한다. 전도하는 사람이 따로 있고, 그렇지 않은 사람이 따로 있는 법이 없다. 복음은 당연히 전파되게 되어 있고, 증거 하지 않으면 안 된다. 증거 되는 복음을 막을 자 역시 없다. 칼집에 칼을 꽂아놓기만 하고 사용하지 않으면 녹슬어 버리고 만다. 마찬가지로 복음을 소유하고 있기만 해서는 안 된다. 우리의 입술로 이 비밀을 선포해야 한다. 하나님이 내게 주신 증거를 보고 말할 때 비로소 성령의 역사가 일어난다. 이것이 바로 전도이다. 지금 이 순간도 주님은 한 영혼을 구원하길 원하시는데, 바로 당신을 통해 그 일을 하기 원하신다.

*

The Greatest Gift in My Life

But you will receive power when the Holy Spirit comes on you;

and you will be my witnesses in Jerusalem, and in all Judea and Samaria,

and to the ends of the earth."

Acts 1:8

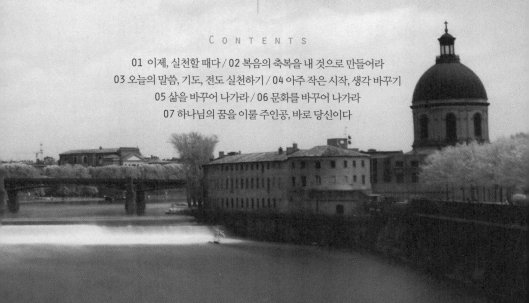

8

오늘,
인생 최고의 날로 만들어라

"오직 성령이 너희에게 임하시면 너희가 권능을 받고
예루살렘과 온 유대와 사마리아와 땅 끝까지 이르러
내 증인이 되리라 하시니라" 행 1:8

CONTENTS

말씀 안에 해답이 있다. 유일성의 응답도 예비 되어 있다.
그러니 우리는 말씀, 기도, 전도 속에서 미래를 보며 끊임없이 도전하면 된다.
기억하라. 오늘을 최고로 만드는 비밀은, 단연코 전능하신 하나님의 손에 있다.

˚이제, 실천할 때다

오늘, 당신의 마음을 두드리는 하나님의 말씀이 있는가? 매일 드리는 기도로 당신의 영혼은 늘 새 힘을 얻고 있는가? 그리고 어떻게 하면 복음을 전할 수 있을까 고민하며 자신이 받은 응답을 주변에 전하는 전도의 복을 누리고 있는가? 이 간략한 질문에 잠시 어리둥절하거나, 어느 것 하나라도 자신 있는 대답을 할 수 없다면 당신의 삶을 시급히 돌아볼 필요가 있다.

이 질문에 대부분의 사람이 명확하고 확신에 찬 대답을 하지 못할 것을 나는 알고 있다. 실제, 이론적으로는^{머리로는} 성경 지식을 꿰차고 있지만, 실천에 옮기고 있는 사람을 그다지 많이 보지 못했기 때문이다. 게다가 우리는 기도하고 말씀보고 전도하기에 너무 바쁜 삶을 살고 있지 않

말씀과 무관한 하루를 무덤덤하게 살아가고, 일상에 치여 기도는 식사 때만 생각나기 일쑤고, 전도의 '전'자만 들어도 손발이 오그라들며, 일주일에 한 번 교회에 출석 도장 찍는 것으로 위안을 삼고, 몇 천원 헌금에 으쓱거리며 그나마 신앙인의 도리를 다했다고 생각하는 사람이 의외로 많다. 과연, 이것이 신앙생활의 전부인가? 영적 빈곤이 당신 인생을 집어삼키기 전에 위태롭고 주춤거리는 신앙생활을 속히 점검해야 한다. 결단코 우리의 삶이 이 지경에 머물러서는 안 된다는 말이다. 보석처럼 빛나는 오늘이 소중한 당신의 인생에 예비 되어 있음을 알라. 풍요롭고 깊이 있는 영성 충만한 내일이 당신을 기다리고 있다. 더 이상 과거의 나쁜 습관과 체질에 묶여 지금 이 시간을 헛되이 흘려보내지 말길 바란다. 하나님은 우리가 할 수 없는 것을 요구한 적이 없으시다. 우리의 믿음이 연약한 줄 아시고 친히 함께하겠다고 하시며 우리를 세상으로 내어 보내셨다. 만약 신앙생활이 어려운 공식으로 뒤엉킨 수학문제 풀 듯 어렵고 고단하기만 하다면 그리스도인의 하루하루는 그야말로 지루하고 재미없는 날의 연속일 것이다.

하지만 하나님은 당신의 소중한 자녀를 위해 '오늘'을 그 정도로 가치 없게 설계하지 않으셨다. 하나님의 최고 관심은 24시 그 자녀를 향해 있다. 그분은 늘 최고의 응답, 최고의 삶으로 우리를 이끄신다. 그리고 누구

*

라도 이 값진 보화를 쉽게 찾아 누릴 수 있도록 최고의 방법도 주셨다. 단지, 하나님과 함께하는 비밀만 있으면 된다. 임마누엘의 비밀을 누리는 것 이상 오늘이라는 시간 속에 숨겨진 보화를 발견하는 좋은 방법은 없다.

이 세상 누구에게나 하루는 공평하게 24시간이다. 각자의 상황과 환경, 여건에 따라 24시간은 다채로운 모양을 띤다. 그런데 우리는 오늘이라는 시간 속에서 부딪히게 되는 온갖 모양의 사건과 인간관계 속에서 가끔은 혼란스럽고 낙심될 때가 있다. 더구나 구원받은 하나님의 자녀는 자신이 마음먹은 대로 사는 인생이 아님을 알기에, 정작 자신 앞에 닥친 해결 불가능한 문제와 곤란한 상황을 어떻게 대처해 나가야 하는 건지 두렵기만 하다. 머릿속으론 하나님이 과거와 다가올 미래, 그리고 지금의 일들까지 완전히 해결하셨음을 믿으려 애써 본다. 그간 들어온 말씀을 붙잡고 이 상황을 어떻게든 믿음으로 헤쳐나가려 안간힘을 써보지만 막막하기만 할 뿐이다. 어둠의 안개가 눈앞을 가린 듯 답답할 때, 나아갈 향방조차 알 수 없을 때 그때 우리는 어떻게 해야 하는가?

자, 나는 당신에게 지금껏 함께 나눴던 이야기를 마무리하는 의미에서 오늘을 최고의 날로 누리기 위한 전도자가 실천해야 할 사항에 대해 몇 가지 애정어린 권고를 하려 한다. 물론 하루아침에 습관이 변하고 체질이 복음으로 바뀔 수는 없다. 하지만 하나님이 살아 계셔 선한 일을 이루고 계심을 믿는다면 단 한 번 주어진 인생에 다시 오지 않을 오늘이라는 소중한 날을 가치 있게 살아가야 할 분명한 이유가 있지 않은가. 누가 뭐래도 당신은 하나님의 축복 받은 소중한 사람이다. 당신의 신분에 걸맞은 즐겁고 활기찬 삶이 풍성하게 예비 되어 있다. 이를 찾아 누리다 보면 어느새 당신의 매일은 무기력, 우울, 극한 분노의 감정, 숨겨진 영적 어려움과는 안녕을 고하게 될 것이 분명하다.

° 복음의 축복을 내 것으로 만들어라

내가 만나는 한 사람, 한 사람이 기도응답을 받도록 돕는다면 어떤 일이 일어날까? 모르긴 해도 세상은 그리스도의 빛으로 갑절이나 빛나게 될 것이다. 그래서 현장에서 성도 한 사람의 역할이 얼마나 중요한지 모른다. 이를 한마디로 표현하기 위해 개인화라는 단어를 사용했다. 개인화란 내가 먼저 말씀, 기도, 전도의 축복을 누리고, 나를 만나는 모든 사람에게 복음의 좋은 영향을 미치는 것을 말한다.

유년주일학교 사역을 갓 시작했을 때 내 마음엔 복음으로 모든 사람을 돕겠다는 중요한 결심이 있었다. 교회 주위 현장을 살펴보니 6개의 초등학교가 예비 되어 있었다. 어설프게 전도지만 들고 왔다갔다해서는 전도가 제대로 되지 않겠다는 나름의 판단이 섰다. 그래서 나와 복음의 중심이 통하는 교사 6명을 선발했다. 전도하기 전에 이들이 먼저 응답받도록 만드는 개인화 작업을 시작한 것이다. 말씀이 어떻게 삶 속에서 성취되고 있는지, 기도는 어떻게 해야 하는지, 전도가 무엇인지에 관해 차근차근 설명했다. 지속해서 이들과 만나면서 이 세 가지 사실에 관한 포럼도 이어나갔다. 그랬더니 이들의 삶에 서서히 변화가 나타나기 시작했다. 시키지 않아도 자연스레 초등학교 현장에 발을 들여놓고 아이들과 접촉하기 시작하는 것이 아닌가. 그리고 얼마 지나지 않아 어린이 제자만 천 명이 교회로 몰려드는 놀라운 성령의 역사가 펼쳐졌다. 6명 교사의 삶에 일어난 작은 영적 변화가 초등학교 현장을 바꾸는 기적으로 나타난 것이다. 하나님의 말씀은 지금도 성취되고 있기에, 말씀이 내 것이 되면 누구라도 현장을 살려낼 수 있다.

그뿐인가. 기도와 말씀, 전도의 위력은 상상을 초월할 정도로 우리의 삶을 치유하고 회복시킨다. "내 앞길은 깜깜하게 막혔고, 난 아무것도 할 수 없어요." 많은 사람이 이렇게 호소하는 것을 보았다. 우리 자신도 혹 그럴 때가 있잖은가. "내 힘으론 도저히 이 문제를 어떻게 할 수 없어. 내 인생엔 왜 이런 문제가 끊이지 않는 걸까!" 우리의 인생을 무참하게 가로막는 이런 상황 앞에서 어떻게 해야 할지 몰라 한숨만 푹푹 내쉬고 있는 모습이 바로 우리 자신일 수도 있다.

그때 이 한 사람을 떠올려 보라. 배다른 형제들이 자신을 죽이려는 음

모 속에서 끝없는 두려움을 맛봐야 했던 소년, 비참한 노예 신분으로 타국에 팔려가고, 억울한 누명을 뒤집어쓰고 정치범 수용소에 갇혀 꼼짝없이 죄수의 신분으로 살아야 했던 청년, 그가 바로 요셉이다.

어떤 이는 안타까운 눈빛으로 파란만장한 고통의 생애를 산 사람이라고 그를 평가할지도 모른다. 하지만 그건 내면은 놓치고 껍데기만 봤을 때 얘기다. 스토리상으론 마치 요셉이 못된 형들 때문에 구덩이에 던져지고 아는 사람 하나 없는 머나먼 타국에 비참한 노예로 팔려간 것처럼 보인다. 하지만 요셉은 팔려간 것이 아니었다. 하나님이 그를 당시 최고 강대국인 애굽으로 보내셨다는 사실이 중요하다. 평소 하나님의 음성 듣기를 사모하고, 기도의 응답을 누리던 요셉은 문제가 닥쳤을 때 요동치 않고 사실을 정확하게 보았다.

당시 애굽은 겉으론 대국으로 보이지만 수많은 우상으로 영적 피폐함이 극에 달한 상황이었다. 이때 언약의 젊은이는 극한의 상황에서 낙심하고 상처에 매몰되기는커녕 애굽이라는 전도 현장을 향한 큰 힘이 자신을 사로잡는 것을 느꼈다.

요셉은 이를 계기로 하나님 앞에서 24시 기도하여 늘 새로운 영적 힘을 얻는 굉장한 응답을 받았다. 하나님이 주신 꿈과 비전, 아버지와 할아버지에게 들었던 복음의 언약을 붙잡고 어디서든 끊임없이 기도의 단을 쌓아올렸다. 그러니 노예로 팔린다 한들 어찌 그것이 고통으로 다가올 수 있었겠는가. 언약을 붙잡고 기도하는 순간 슬픔과 상처, 고통이 변해 감사와 기쁨, 화평의 꽃을 피우는 것을 그는 맛보게 된다. 이 응답 속에 있었기에 어디를 가든 걱정과 염려에 사로잡히기보다는 사실적인 눈이 열려 하나님이 계획하신 길로 순적하게 나아가게 된 것이다.

요셉 한 사람이 기도와 말씀, 전도로 개인화의 응답을 누릴 때 일어난 역사를 보라. 애굽과 세계가 살아나는 기적이 일어났다. 요셉은 자신의 상황에 딱 들어맞는 나의 기도, 나의 말씀, 나의 전도를 기가 막히게 찾아내어 그 응답을 풍족히 맛보았다. 복음을 삶 속에서 누리는 개인화의 축복이 없으면 아무래도 다른 사람에게 복음의 선한 영향을 미치기 어려울 테다. 하지만 상황이 어렵고 비참한 지경에 놓여도 당신이 복음의 축복 속에 있으면 주변이 변화되고 살아나는 응답이 저절로 찾아오게 된다. 누가 뭐래도 자신이 복음으로 행복해야 한다. 그래야 다른 사람에게도 복음의 선한 영향을 줄 수 있지 않겠는가. 그렇다면 오늘을 가치 있고 소중하게 만드는 가장 손쉬운 방법은 무엇일까?

˚오늘의 말씀, 기도, 전도 실천하기

바로 오늘의 말씀, 기도, 전도를 찾아내는 것이다. 왜 이것이 그리도 중요할까? 하나님의 말씀은 우리 인생을 선한 길로 안내하는 내비게이션이다. 내비게이션은 가고자 하는 목표 지점이 있을 때라야 유용하다. 그렇다면 전도자 인생의 목표는 무엇이 되어야 하는가? 바로 영혼 구원의 거룩한 사명, 전도다. 이 사실부터 바로 되어야 한다. 인생의 목표가 전도라는 사실이 분명할수록, 하나님의 말씀은 우리 개인을 안내하는 내비게이션이 되고, 이때 기도할 힘도, 제목도 생겨난다. '오늘의 전도'라는 목표를 두고, '오늘 나를 향한 말씀'의 인도를 따라, '오늘의 기도'를 품고 나아가는 삶, 이것이 바로 가슴 뛰는 전도자의 삶이다.

그럼 어떻게 시작하면 될까? 하루의 계획을 점검하는 것이 우선이다. 기상시간과 중요한 일과 만남, 식사시간, 이동시간 등 당신의 삶에 예정되어 있는 오늘의 스케줄을 빈틈없이 기록해 보라. 가능하다면 하루 전날, 미리 기록하면서 하나님의 인도를 구하는 것이 좋다.

아침에 눈을 뜨면 가장 먼저 오늘의 스케줄을 보며 나를 향한 '하나님의 전도 계획'이 무엇인지부터 생각해 보자. "하나님, 오늘이라는 삶 속에서 최고의 축복을 누리려면 어떻게 해야 할까요?", "오늘 하나님이 원하시는 전도와 말씀, 기도를 발견하기 원합니다. 내가 만나는 사람과 하는 일속에서 하나님의 선한 계획이 이루어지길 원합니다." 소중한 만남과 장소, 일을 생각하면서 기도하고 혹, 만남이 주어졌을 때 전달할 전도 자료와 설교 테이프를 간단하게 준비하라. 하루가 끝날 무렵 오늘의 전도를 위한 계획이 어떻게 이루어졌는지 확인하게 될 것이다. 이것이 '오

Today's

Evangelism ☑

Word ☐

Prayer ☐

"But you will receive power when the Holy Spirit comes on you, and you will be my witnesses in Jerusalem, and in all Judea and Samaria, and to the ends of the earth." (Acts 1:8)

*

내 인생 최고의 선물

'오늘의 전도'라는 목표를 두고, '오늘 나를 향한 말씀'의 인도를 따라,
'오늘의 기도'를 품고 나아가는 삶,

이것이 바로 가슴 뛰는 전도자의 삶이다

늘의 전도'를 계획하고 실천하는 가장 확실한 방법이 된다.

　그 다음으로 하나님의 말씀을 부여잡고 하나님의 음성에 잠잠히 귀를 기울이며 '오늘의 말씀'을 찾아내라. 매일 정한 분량의 성경을 읽어나가는 중에, 하나님의 말씀이 잘 정리된 묵상집의 도움을 빌려 기도하는 중에 당신은 저 마음 깊은 곳에서부터 들려오는 하나님의 음성을 똑똑히 듣게 될 것이다. 또는 이번 주에 선포된 강단 말씀을 몇 번이고 곱씹어도 좋다. 특히 주일 예배 말씀 속에 모든 해답이 감추어져 있다는 사실을 늘 기억해야 한다. 이 사실을 간과하면 내가 도대체 얼마나 큰 축복을 받았는지를 놓치고 살게 된다.

　나 같은 경우는 다음 주일에 설교할 내용을 그전 주일이나 월요일부터 메모하기 시작한다. 일주일을 지내면서 하나님이 주신 말씀을 묵상하며 기도하기를 쉬지 않는다. 그러면 어김없이 하나님이 설교하기도 전에 내게 먼저 응답을 주신다. 이것을 가지고 주일 강단에 증인으로 서는 것이다. 지극히 사소한 일이라도 하나님께 질문하고, 하나님의 답을 따라가는 것 이상 훌륭한 영적 습관은 없을 것이다. 틈을 내어서라도 성경 읽기를 게을리 하지 말고, 마음에 부딪히는 말씀을 암송하는 습관도 들여 보자. 말씀을 묵상하는 중에 구체적으로 마음에 담기는 말씀은 한 단어나 문장으로 적어보라. 잊지 말아야 할 사실은 '오늘의 전도'를 생각하며 계획했던 만남과 스케줄을 따라 말씀을 묵상하면 당신의 걸음마다 성취될

*

하나님의 계획을 발견하게 될 것이다.

그리고 '오늘의 전도'를 '오늘의 말씀'과 연결 지어 기도하고, 떠오르는 기도제목을 기록해 보라. 하나님의 말씀을 깊이 묵상하는 중에, 혹은 정시기도 시간에 이 비밀을 누려보자. 놀랍게도 전도를 염두에 두고 기도하는 것이 가장 빠른 응답을 누리는 길이 된다는 사실을 알게 될 것이다.

하나님은 분명 오늘 성취될 새로운 말씀을 주신다. 그리고 그 말씀 속에서 발견한 오늘의 기도는 반드시 응답된다. 만나는 이에게 전도 자료를 전달하거나, 짧은 시간에 복음을 전하면 생각지도 못한 하나님의 역사가 일어날 것이다. 전도 대상자를 마음에 품고 기도하고, 전도 자료를 전달하거나 복음을 증거했는데 그가 예수님을 영접했다고 생각해 보라. 만약 교회로 연결되어 신앙생활을 시작하고 지속해서 말씀운동이 일어난다면 이보다 기쁜 일이 어디 있겠는가.

종일 당신의 발걸음이 닿는 모든 일정 속에서 오늘의 말씀, 기도, 전도를 적용해 보라. 연속되는 응답에 당신은 아마 놀라움을 금치 못할 것이다. 그리고 하루를 마무리할 때 오늘, 내 삶에 역사하신 전능하신 하나님을 기억하고 그분이 당신의 삶에 행하신 모든 일을 기록으로 남겨라. 이것이 바로 훌륭한 전도일지가 된다. 하나님이 오늘 당신의 삶 속에 역사하셨음을 또렷이 확인하게 될 것이다.

더불어 틈날 때마다 하루에 단 30분이라도 시간을 내어 체력을 다지는 운동습관을 들이자. 산책이나 윗몸 일으키기, 줄넘기, 조깅, 수영, 등산 그 어떤 것이든 좋다. 하루에 단 30분, 일주일에 두세 번이라도 꾸준히 무리 없이 소화할 수 있는 운동 계획을 세우고 이를 실천하자.

효율적인 시간관리 계획을 세우고 실천하는 것도 아주 중요하다. 많은 이들이 잘못된 자리에 앉아 쓸데없는 일에 시간을 낭비하곤 한다. 1분, 1초라도 헛되이 흘려버리지 마라. 이 작은 시간이 당신의 미래를 만들어가는 든든한 자양분이 된다. 빈 시간, 자투리 시간도 규모 있게 쓰도록 노력하라. 나는 주로 집회 차 공항으로 이동하는 차 안에서 한 주간 동안 써야 할 글의 제목을 기록하는 일을 한다. 비행기를 타고 이동하면서는 잠깐 신문을 읽고, 한두 편 정도 글을 쓴다. 일주일을 돌아보면 빈 시간, 자투리 시간에 쓴 글이 꽤 된다. 만약 이 시간을 활용하지 못하면 크고 중요한 많은 일을 제때 처리하지 못하게 되는 일이 생긴다. 이것이 바로 흘려버리기 쉬운 시간을 열 배의 가치 있는 시간으로 바꾸는 나만의 방법이다.

이와 함께 규모 있는 경제 습관을 들이고 독서 계획을 세우는 일 또한 전도자의 삶을 윤택하게 하는 데 있어 빠질 수 없는 항목이다. 이 안에 은밀하고 복된 하나님의 축복이 녹아 있다.

풍성한 하늘 축복을 누리는 비밀, 아름다운 신앙인의 삶이 이 작은 습관을 통해 무르익어간다는 사실을 놓치지 마라. 이 일련의 항목에 따라 매일의 삶을 면밀히 체크하고, 하나님이 원하시는 방향으로 가고 있는지 스스로 점검해 보자. 이 작은 습관이 당신의 인생을 놀랍도록 변화시킬 것이다. 이 맛을 내가 먼저 봐야 하고, 다른 사람 역시 이 맛을 보도록 도와주어야 한다. 하나님의 자녀라면 이 힘을 얻는 비밀이 있어야 한다. 이 힘이 어떤 상황과 환경도 뛰어넘게 하는 예비 된 오늘의 축복이다. 현장에 가면 응답이 떡 하니 와 있어 마냥 기쁘고, 세상 사람이 막을 수 없는 놀라운 힘으로 활기찬 삶을 살아가는 자신의 모습이 그려지는가. 이런 응답을 받는 제자가 현장 곳곳에 뿌리내리고 있다고 생각해 보라. 사실 이때부터 가장 쉬워지는 것이 전도다. 전도훈련을 왜 받는가? 전도가 어렵다고 느끼기 때문이다. 하지만 이 비밀을 풍족히 누리며 사는 사람은 뭔가 달라도 다르다. 다른 사람에게 넉넉히 나누어주고도 남을 만큼 여유로운 삶을 산다. 이러한 응답이 연속될 때 자신도 모르게 신명 나는 전도자의 삶을 살게 되는 것이다.

이 축복을 자신의 일 속에서 누리는 것이 중요하다. 일상 속 크고 작은 모든 일 속에서 고민으로 하루를 지새우지 말고 하나님이 뭐라 말씀하시는지 귀 기울여라. 설교를 듣는 중에 무릎을 탁 칠 정도로 걱정하던 일에 해답이 나온다면 그보다 좋은 일은 없으리라. 우리는 왕왕 교회에서 많은 사람과 교제하고 갖가지 일에 정신없이 뛰어다니느라 분주하다. 그보다 하나님의 말씀부터 붙잡으려 몸부림쳐라. 그 말씀을 묵상해보라.

그래야 영혼이 산다. 새 힘도 이때 얻게 된다. 다시 한 번 말하지만 이것이 모든 것보다 최우선이다. 성경을 잘 모르는 새신자라서 오늘의 말씀 붙잡기가 힘 드는가? 그럴수록 주일 강단 말씀을 생명처럼 붙잡아라. 생각지도 못할 응답이 쏟아질 것이다. 예기치 못한 상황이 벌어졌을 때, 뜻밖의 만남이 주어졌을 때도 우리가 할 일은 하나다. 오늘 내게 주어진 말씀을 붙잡고 기도하는 것! 이 작은 행동 하나가 때론 놀라운 결과를 불러온다는 사실을 아는가. 내가 가지고 있는 오늘의 말씀이 상대방에게 해답이 되어 그의 인생이 복음 인생으로 바뀌게 될지도 모를 일이다.

오늘의 말씀, 기도, 전도의 비밀을 발견한 자는 어려웠던 과거가 응답의 날로 바뀌게 되는 것을 체험하게 된다. 이 비밀이 쌓여 당신의 인생 스토리를 만들어간다. 오늘 속에 녹아있는 영적 힘을 얻으면 일터에서 서서히 말씀운동의 꽃이 피어난다. 이 때문에 현장과 세상이 변화되는 축복을 맛보게 된다. 이 힘으로 사업하고, 공부하고, 주어진 일을 하니 오늘 내게 주어진 상황을 최고로 만드는 특별한 힘도 생긴다. 그러니 경제에 축복이 임하는 것은 당연하지 않겠는가.

하나님은 모든 것을 다 알고 계신다. 문제는 오늘 우리가 그 하나님과 통하느냐, 통하지 않느냐는 것이다. 공부하든, 사업하든 자신이 하는 일 속에서 살아 있는 말씀을 붙잡아라. 그 힘으로 공부도 하고, 사업도 하라. 이때 문제가 찾아오면 당황하지 말고 갱신의 기회로 삼으면 된다. 말씀

안에 해답이 있다. 유일성의 응답도 예비 되어 있다. 그러니 우리는 전도, 말씀, 기도 속에서 미래를 보며 끊임없이 도전하면 된다. 기억하라. 오늘을 최고로 만드는 비밀은, 단연코 전능하신 하나님의 손에 있다.

˚아주 작은 시작, 생각 바꾸기

여기, 당신의 인생을 견고하게 만드는, 소소하지만 놓쳐서는 안 되는 작은 열쇠가 있다. 때로 우리는 맘먹은 대로 상황이 따라주지 않을 때 낙심하곤 한다. 사탄은 우리가 은혜 받은 줄 알고 급행을 타고 먼저 와 시험거리를 던진다. 맘 잡고 신앙생활을 하려고 했는데 오래 믿은 사람의 한마디가 도리어 힘 빠지게 할 때가 있다. 신경질 나고, 울화통이 치미는데 항상 기뻐하라 하신다. 길을 가다 미끄러져 발을 삐끗 했는데 항상 감사하라니 이해가 되지 않는다. 하지만 모든 어려움, 이해 안 되는 상황, 곤혹스러운 일 속에 우리를 향하신 하나님의 뜻이 숨겨져 있음을 알아야 한다. 모든 상황 속에서 복음적 생각에 몰입할 수 있다면 언제나 승리의 쾌재를 부를 수 있으리라.

생각이 중요하다. 기도 응답을 받지 못하고 어려움 당하는 사람의 공통점을 보면 틀린 생각에 사로잡혀 있는 것을 알 수 있다. 틀린 생각을 가지고 아무리 기도한들 올바른 응답을 기대하기란 어렵다. 전도운동을 하다가도 지속하지 못하고 그만두는 사람을 보면 자기 생각에 얽매여 있는 경우가 많다. 아무리 일을 잘해도 생각이 훌륭하지 못하면 결과도 훌륭하지 못하다. 하지만 생각이 훌륭하면 반드시 훌륭한 응답이 온다. 교회를 2, 30년 다녀도 생각이 복음적이지 않으면 성경 지식은 많을지 몰라도 진정한 삶의 변화는 일어나지 않는다. 생각부터 바뀌어야 한다. 생각이 바뀌어야 의식이 바뀌고, 의식이 바뀌어야 체질이 바뀐다. 체질이 복음으로 바뀌어야 현장이 변화되는 역사가 일어나게 된다.

그렇다면 어떻게 생각을 바꿀 수 있는가? 성령 충만이 그 해법이다. 이때 생각도, 의식도, 체질도 바뀌고 변화도 일어나게 된다. 성령 충만이 생각에서 시작된다는 사실을 알고 있는가?

당시 마가 다락방에 모인다는 것은 죽음조차 불사한 행동이었다. 하지만 이를 알고도 모인 이유는 생각이 바뀌었기 때문이다. 오직 예수 그리스도만이 진리이고, 진리를 전파하기 위해서는 죽어도 괜찮다고 생각한 것이다. 성령의 충만을 힘입은 초대교회에 일어난 증거를 보라. 성령의 참된 능력이 나타나고 성령의 권능을 받은 이들이 증인으로 쓰임 받는 일들이 일어나기 시작했다. 이때부터 하나님이 주신 은사도 나타나고, 성령 충만할 때 하나님이 주신 권세도 나타나기 시작한다. 그뿐만 아니라 전도 현장의 열매도 하나 둘 나타나기 시작하는 것이다. 문제가 와도 어떤 생각을 하느냐에 따라 응답이 달라진다는 사실을 반드시 기억하라.

혹 당신 앞에 문제가 놓여 있다면 조금만 달리 생각해 보라. 문제는 전부 기회임을 포착하게 될 것이다. 심지어 갈등도 기회로 만들면 된다. 조금만 성령 충만한 가운데 생각을 바꾸면 문제 속에서 큰 기쁨을 누리게 될 것이다.

요셉은 자신을 애굽에 노예로 판 형들을 향해 '형들이 나를 미워하더니 결국은 나를 팔아먹는구나!'라는 생각에 자신을 맡겨두지 않았다. '하나님께서 당신의 비전을 이루기 위해 인도해 가시는 중이야. 나는 어디에 가든 그곳에서 오직 주님만 바라보며 최선을 다할 거야.'라는 생각으로 자신의 비전을 확고히 했다. 억울한 누명을 쓰고 감옥에 갇히게 되었을 때도 우리 같으면 천 번도 넘게 사실을 해명하려 애썼을 테지만 요셉은 단 한 마디도 하지 않았다. 결국 감옥 안에서 하나님의 역사가 일어났고, 그는 하나님의 시간표를 따라 성공자의 반열에 올라서게 되었다. 복음을 전한다는 이유로 빌립보 감옥에 갇힌 바울은 오히려 감옥 밖에 있는 이들을 향해 기뻐하라고 말했다. 복음을 위해 고난 받는 것이 너무나 감사하고, 최고의 가치를 발견했기에 어떤 환경을 만나도 능력 주시는 자 안에서 모든 것을 할 수 있다고 생각한 것이다.

아무리 하나님이 전능하시다고 해도 내가 바뀌지 않고, 내가 믿지 않는다면 아무런 소용이 없다. 현재의 생각이 바로 나 자신이라 보면 된다. 여기에 따라 인생이 결정된다. 하나님을 믿는 믿음의 생각을 고수하

라. 말씀은 하나님께서 내게 주신 메시지요, 복음은 하나님이 나를 건지시려고 그리스도를 보내신 것이라는 사실에 대한 강력한 믿음을 견지하라. 이 믿음에 따라 말도 바뀌고 열매도 달라진다. 단 한 번밖에 없는 인생, 언약을 바르게 붙잡고 복음을 바르게 누리며 하나님의 능력을 올바로 알고 체험할 때 하나님이 기뻐하시는 변화의 바람이 불어오기 시작한다.

생각을 바꾸고 하나님의 언약을 붙잡을 때 가장 먼저 오는 응답이 복음의 맛을 보게 되는 것이다. 예수 믿는 사람을 핍박하던 바울은 다메섹 도상에서 그리스도의 빛 앞에 완전히 무릎을 꿇고 복음을 받게 되었다. 예수 그리스도를 만난 그의 인생이 드디어 복음의 진정한 맛을 보게 된 것이다. 완전히 회심한 그는 곳곳마다 숨겨진 제자들을 통해 더욱 깊이 복음의 맛을 보게 되었고, 그 후 전 세계를 향해 복음을 전하는 선봉장의 역할을 감당하게 되었다.

"가라 이 사람은 내 이름을 이방인과 임금들과 이스라엘 자손들에게 전하기 위하여 택한 나의 그릇이라"행 9:15 바울을 처음 부르실 때 주신 말씀은 시간표를 따라 그대로 성취되었고, 결국 그는 로마의 가이사 황제 앞에 서게 되었다.

말씀 성취의 역사를 본 자에게 오는 응답이 바로 정시기도와 무시기도의 맛을 보게 되는 것이다. 정시기도는 복음의 깊이와 높이와 넓이를 누리고 깨닫는 특별한 은혜의 시간이다. 하나님의 말씀을 깊이 묵상하며 기도하는 이 시간을 통해 당신은 영적인 힘을 얻고 마음의 참된 행복과 평안을 누릴 수 있다.

나 역시 모든 스케줄에 있어 그 무엇과도 양보할 수 없는 시간이 정시기도 시간이다. 정시기도는 나에게 최고의 행복을 선사한다. 혼자서 은밀하게 드리는 정시기도는 당신으로 하여금 하나님과의 내밀한 교제를 통해 당신의 영성을 더욱 견고하게 만들어나갈 것이다. 정시기도의 맛을 보고 나면 가는 현장마다 무시로 성령 안에서, 쉼 없이 항상 기도하는 무시기도의 축복도 겸하여 누리게 된다. 이때 비로소 전도도, 선교도 되어지는 축복을 맛보게 되는 것이다.

°삶을 바꾸어 나가라

그 다음으로 중요한 것이 자신의 삶을 바꾸어나가는 것이다. 이를 위해 첫째로, 단 한 번뿐인 인생을 가치 있는 교회생활을 통해 아름답게 가꾸어 가라. 교회 안에서 일을 할 때도 복음 중심으로, 무조건 헌신하는 것도 중요하지만 '하나님의 은혜가 너무 감사해서……'라는 중심을 가지고 헌신하라. 뿐만 아니라 이 복음이 우리 후대와 자녀들에게 전달되어야 하기에 당신이 먼저 제자의 삶을 살고 또 다른 제자를 세워나가는 제자 중심의 교회생활을 할 것을 권한다. 이 말은 나를 따르는 제자가 아닌 복음을 이해한 제자를 지속해서 세워나가는 것을 말한다. 당신이 할 일은 이들이 그리스도를 따라 가도록 도와주는 것이다.

그러면서 자신에게 맡겨진 분야를 살려내면 된다. 구역을 맡는 것도 중요하지만 구역을 살려내는 것이 더 중요하다. 부교역자 시절, 주일학교를 맡았을 때 가능하면 많은 아이가 복음을 듣게 해야겠다는 생각으로 전도했고, 중고등부를 맡았을 때는 부산 시내의 중고등학교를 찾아다니며 복음 메시지를 복사한 종이를 돌리고 그 가운데 제자를 찾아냈다. 청년부를 맡았을 때는 청년을 살리겠다는 마음을 먹고 공장과 대학을 찾아갔는데 제자만 300명이 일어났다. 사람 살리는 일을 지속하려고 마음먹고 기도했을 뿐인데 하나님이 기뻐 역사하신 것이다.

둘째, 전문성 있는 직업생활을 통해 삶을 변화시켜라. 기도의 힘과 영적 배경을 가지고 있는 당신에게 전문화, 세계화, 복음화의 응답은 이미 예비 되어 있다. 회사의 주인이 당신이라는 의식을 가져라. 눈치 보지 말고 맡겨진 일을 제대로 하라. 때론 몸도 아끼지 않고 일할 필요가 있다. 평소 몸이 안 좋거나 병든 사람은 주의해서 일해야겠지만 건강한 사람은 활동할수록 더욱 건강해지는 법이다. 배운 것 없고 가난한 한 청년은 성실과 열심을 다해 가게 점원 일을 감당했고 틈만 나면 기도하고 교회에 다니는 일을 게을리하지 않았다. 훗날 그는 백화점 왕이 되었고 미국의 체신부 장관까지 지내게 되었다. 그가 바로 존 워너메이커이다. 틈만 나면 회사 살릴 준비를 하고 최선을 다해 당신의 업을 살려내라.

셋째, 당신의 가정이 복음을 전하는 미션 홈의 가정이 되도록 바꾸어라. 우선 당신부터 사명mission을 확실히 하면 당신의 집은 자연히 미션 홈이 될 수 있다. 시작을 어떻게 하면 좋을까? 조용히 예수 그리스도의 이름으로 기도하면서 가정과 가문에 역사하는 흑암의 세력부터 꺾어라. 당신이 먼저 미션이 되면 자연스레 가족도 미션의 영향권 안으로 들어오게 될 것이고, 당신의 집을 찾아오는 사람도 제자로 바뀌게 될 것이다. 이것이 바로 진정한 미션 홈이다.

우리 집의 미션 역할을 하신 분은 어머니셨다. 어머니는 단 한 번도 예배생활을 게을리하신 적이 없었다. 아파도, 기뻐도 교회에 가서 기도하고 하나님의 말씀 듣기를 그 무엇보다 사모하셨다. 어머니의 기도제목 중 성취되지 않은 것이 없을 정도였으니 얼마나 감사한가. 바로 당신이 미션이 되어 전심으로 기도하는 가운데 가문을 살려내는 축복을 받으라.

넷째, 세계를 정복할 경제의 축복을 누려라. 자녀들이 돈을 함부로 쓰거나 돈에 벌벌 떠는 습관에 길든다면 아마 평생 고생을 달고 살지도 모를 일이다. 어렸을 때부터 절약과 저축을 가르치면 세상을 살아가는데 큰 자산이 된다는 사실을 놓쳐선 안 된다. 근본적 경제 회복의 축복인 십일조의 비밀을 회복하고 선교헌금과 후대를 위한 헌금, 성전 건축헌금의 축복을 잊지 말고 누려라. 복음에는 하나님의 모든 계획이 들어 있기에 하나님께 완전히 맡기기만 하면 매사에 올바른 판단을 할 수 있고 온전한 하나님의 인도를 받을 수 있다. 그러다 보면 자연스레 성공자의 길로 접어들게 된다. 하나님은 이런 자에게 경제정복의 축복을 허락하셨다.

세상을 보면 타락경제, 우상경제, 흑암경제에 돈이 몰리는 듯 보이지만 불신자들의 경제는 세상을 유지하기 위해 하나님께서 잠깐 맡겨두신 위탁경제일 뿐이다. 그러나 성도의 경제는 하나님이 예비하신 미래를 살릴 경제이다. 하나님께서는 곳곳에 현장을 살릴 제자들과 전도와 선교를 위해 숨은 경제를 따로 준비하셨다. 하나님은 숨겨두신 유일한 경제의 축복과 응답을 언약 가진 하나님의 자녀를 위해 반드시 회복시키실 것이다. 하나님께서는 우리를 축복하실 당연한 이유를 가지고 계신다. 그러니 받은 응답에 감사하고, 앞으로 받게 될 응답을 보고 감사하라. 또한 그릇과 인격을 갖추어 다른 사람을 살리고 복음을 증거하는 멋있는 인생을 살라. 앞으로 전 지역에 중직자를 중심으로 지교회가 세워져 나가는 꿈을 꾸며 경제의 축복을 받아 전도와 선교하기에 부족함이 없도록 준비하라. 복음 가진 산업인과 중직자들에게 경제축복은 당연히 오게 될 복된 응답이다.

예수 그리스도는 우주 만물을 가득 채우고 계시며, 조금이라도 고갈됨
이 없는 분이시다. 공기와 물의 능력만 알아도 건강해지는데, 만약 예수
그리스도의 능력을 안다면 상상치도 못할 일이 일어날 것이다.

*

08 오늘, 인생 최고의 날로 만들어라

˚문화를 바꾸어 나가라

21세기는 문화 전쟁의 시대다. 고대로부터 문화라는 코드는 대중에게 사상과 이념을 주입시키는 가장 강력한 흡인력을 가진 도구로 사용돼 왔다. 실제로 모든 사람은 원하든, 원치 않든 문화라는 매체 속에서 삶을 누리고 있다. 게다가 자신도 모르는 사이 문화의 강력한 지배를 받으며 현재의 삶을 영위하고 있다. 사탄은 이러한 문화의 속성을 이용해 하나님 없는 문화, 비복음적 문화, 흑암문화를 독버섯처럼 퍼뜨리고 있다. 따라서 문화 역시 우리가 개혁해야 할 가장 시급한 과제 중의 하나다.

하나님은 시대마다 문화개혁의 기치를 든 개인과 단체에 무조건적인 기적의 문을 여셨다. 노아는 부패하고 패악한 네피림 시대에 방주를 지어 문화싸움을 했고, 아브라함 역시 가는 곳마다 하나님을 부인하는 이방문화에 대항하여 싸웠다. 출애굽의 기적 역시 애굽의 우상문화와 빛의 문화의 싸움이었다. 초대교회가 쓰임 받은 이유도 예수 그리스도의 복음을 증거하는 복음문화의 시작이었기 때문이다. 문화개혁은 너무나 시급하고도 중요한 일이기에 하나님이 시급하고도 확실하게 응답하실 것이 분명하다. 문화를 개혁하지 않으면 후대에게 닥쳐올 큰 문제를 막을 수 없기에 그 중요성은 더 절실하다고 볼 수 있다.

하나님이 문화정복을 위해 한 가지 부탁하신 말씀은 복음으로 하나 되어 함께 가라는 것이다. 하나 되는 것만큼 강력한 방법은 없다. 사탄은 개인과 교회, 가정이 하나 되지 못하게 집요하게 방해 작전을 편다. 이러한 사탄의 궤계를 무너뜨리는 방법은 오직 복음으로 하나 되는 것이다. 하나 될 때 하나님이 주시는 근본적인 축복도 받아 누리게 된다.

그렇다면 누구와, 무엇과, 어디에서 하나를 이루어야 할 것인가? 우선 교회가 하나 되어야 한다. 교회는 하나님의 자녀들이 하나 되는 곳이다. 전도는 하나님의 가족을 찾아 하나 되는 것이며, 선교는 하나님의 가족을 찾아 전 세계로 하나 됨의 기적을 만들기 위해 가는 것이라고 볼 수 있다. 복음 안에서 하나 되는 가운데 구원의 축복도, 신앙생활의 방법도, 개인의 진정한 행복도 찾게 된다. 성경에는 복음으로 하나 될 때마다 기적이 일어났고 사탄과 운명, 저주에서 완전히 회복된 역사를 볼 수 있다. 이스라엘 백성이 하나 될 때 애굽의 우상문화와 재앙이 박살났고, 홍해와 요단, 여리고도 무너졌다. 초대교회가 하나 되어 기도할 때 일어난 기적의 역사를 보라. 전 성도가 하나 될 때 세계를 살리는 문은 반드시 열릴 것이다. 하나 되어 기도할 때, 역사는 하나님이 하신다.

° 하나님의 꿈을 이룰 주인공, 바로 당신이다

예수 그리스도는 우주 만물을 가득 채우고 계시며, 조금이라도 고갈됨이 없는 분이시다. 공기와 물의 능력만 알아도 건강해지는데, 만약 예수 그리스도의 능력을 안다면 상상치도 못할 일이 일어날 것이다. 예수 그리스도의 광대한 경지에 들어가면 세상 것이 아무 것도 아님을 깨닫게 된다. 예수 그리스도의 위대함, 예수 그리스도 안에 모든 보화가 감추어져 있다는 사실을 알게 되면 그 비밀에 매료될 뿐 아니라 주님께 점유 당하게 된다.

성경을 상고할수록, 기도의 깊은 비밀을 누릴수록, 현장에서 전도할수록 하나님은 예수 그리스도 안에 감추어진 풍성한 은혜를 넘치도록 발견케 하셨다. 바울은 이 비밀을 깨닫고 난 후 자신은 아무것도 없는 자 같으나 모든 것을 가진 자라고 고백했다. 이 비밀이 오늘을 사는 당신에게 반드시 있어야 한다. 무엇을 가지고 사느냐, 무엇을 위해 사느냐에 따라서 인생은 크게 달라진다. 그의 인생 목표는 오직 하나님의 영광을 위하여 사는 것이다.

죽음으로 위협해 오는 거대한 핍박 앞에서도 흔들리지 않고 로마를 복음화 했던 초대교회 제자들에게는 세계를 움직일만한 최고의 지식과 전략이 있었다. 아무도 빼앗을 수 없으며, 도둑맞을 염려도 없는 저 가슴 깊은 곳에 단단하게 뿌리내린 예수 그리스도와 복음에 관한 비밀, 이것이 로마를 정복한 축복의 힘이었다. 아무리 가난하고 연약해도 복음 안에 있으면 반드시 승리하는 인생을 살게 된다. 어떤 순간에도 모든 영광을 하나님께 돌려 드리기 위해 사는 삶, 이것이 바로 초대교회가 가진 최고의 무기였던 것이다.

초대교회 마가 다락방의 제자들은 죽음이냐, 복음이냐, 라고 하는 두 가지 선택의 갈림길에서 중요한 결단을 내렸다. 불신앙 아닌 믿음을 선택하면 반드시 하나님의 역사가 일어난다. 굳이 마가 다락방에 모이지 않고 적당하게 예수님이 말씀하신 때를 기다려도 됐을 테지만 그들은 죽음을 각오하고 모여서 기도했다. 하나님은 이들에게 약속하신 성령을 부어주셨다. 하나님의 계획이 확실하다면 지금 믿음의 결단을 내려라. 그리고 초대교회 전도자들이 소유하고 있었던 오직 예수가 그리스도라는 사실과 하나님의 나라, 성령의 충만한 은혜 속으로 들어가라.

초대교회 성도들은 하나님이 주신 복음의 비밀을 가지고 성도가 하나 되는 복음의 당연성, 우리의 후대와 제자들, 현장에 필요한 것을 보는 복음의 필연성, 하나님이 나를 부르신 이유를 알고 복음이 아니면 점점 어려워지는 세상을 살릴 수 없다는 복음의 절대성에 관한 비밀을 소유하고 있었다. 게다가 아무도 줄 수 없고, 빼앗을 수도 없는 복음의 유일성을 가지고 있었다. 이것이 바로 초대교회의 정체성이었다. 그들은 모든 만남 속에서 유일한 복음을 전할 단 한 번의 기회인 동시에 마지막 기회를 놓치지 않았다. 초대교회는 당대 최고의 지식과 전략을 가지고 있었다. 이 비밀이 잠재의식을 지배하도록 늘 기도했다. 단순히 기도해야 된다는 차원이 아니었다. 늘 기도가 생각날 정도로 기도의 비밀을 누렸다. 아마 아브라함의 독자 이삭은 일평생 수양을 기억했을 것이다. 자기 대신 제물로 드려졌기 때문이다. 오늘을 사는 전도자에게 예수 그리스도의 생명, 그 능력, 축복이 어느 정도로 각인되고 생각되어야 할 것인가? 늘, 언제나, 항상 복음이 생각날 정도가 되어야 한다. 그러면 사실상 모든 문제는 끝이다. 이것이 초대교회의 최고 전략이었다.

그리고 이들은 늘 전도 생각으로 충만했다. 숨 쉬듯이 전도를 생각했다. 전도를 생각하면서 아름다운 꿈을 꾸었다.

"하나님의 시선이 있는 곳에 내가 머물게 해 주세요. 오늘 하나님의 위대한 계획을 이루려면 난 어떻게 해야 할까요?"

기도는 그들의 호흡과도 같고 노래와도 같고 신앙 그 자체였다. 해도 되고 안 해도 되는 것이 아니라, 하지 않으면 안 되는 사명 그 자체였던 것이다. 이는 그들의 삶을 가장 고귀하고 가치 있게 만든 위대한 생각이었다. 이것이 쌓이고 쌓여 놀라운 일을 만들어냈다. 하나님의 손을 움직이게 했고 하나님의 마음을 감동시켰다. 그들은 모든 시간이 철저히 하나님의 손에 있다는 사실을 믿었다. 그 하나님의 시간표 속으로 들어가는 유일한 비밀을 가진 자들이 당시 초대교회의 제자들이었다. 또한 이들은 하나님의 축복이 펼쳐질 이정표인 현장으로 들어갔다. 그러니 그 누구도 초대교회를 막을 수 없었다. 어리석은 바리새인들이 복음을 막으려 갖은 핍박을 했지만 결국 스스로 무너지고 말았다. 아무도 복음 가진 하나님의 사람을 막을 수 없었다.

　신앙생활에 있어 가장 중요한 것은 작고 큰 일속에서 하나님의 뜻과 계획을 발견하는 것이다. 어떤 일 속에도 하나님의 계획이 감추어져 있기 때문에 염려할 것 없다. 지금부터 가장 축복된 시간에 정시기도를 하고, 삶 속에서 전도 스케줄을 짜고, 내가 전도하고 선교할 지역을 두고 기도하고 연구하라. 그러면 반드시 하나님의 계획이 보이게 될 것이다.

　아침에는 오늘 하루의 스케줄을 두고 어떻게 하면 하나님께 가장 큰 영광을 돌려 드릴 것인지 깊이 묵상하며 기도하라. 가장 멋진 하루가 될 수 있도록 성령님의 도우심을 구하라. 낮에는 오늘 만날 사람에게 전도할 자료를 준비하라. 내가 가진 복된 인생의 비밀을 나누어줄 수 있도록. 밤에는 가장 아름다운 세계복음화의 꿈을 꾸라. 세계 살릴 교회의 비전을 꿈꾸라. 당신은 확실히 하나님이 기뻐하시는 멋진 인생을 살게 될 것이다.

　성도가 하나님의 계획을 놓치면 불신자의 노예가 되지만 하나님의 계획을 따라가면 가진 것이 없어도 복을 받게 된다. 홍해를 어떻게 건널 것인가 하는 것보다 홍해를 왜 건너야 하는가가 더 중요하다.

　'사랑하는 주님, 내 인생을 향한 하나님의 계획이 무엇입니까? 오늘도 주님의 계획 속에 있게 하소서.'

　이 질문만 해도 희망의 문이 열리고 하나님의 역사가 시작되었음을 알게 될 것이다.

*

하나님이 가장 가까이, 당신의 삶 속에

당신이 천인을 만나면 천 가지의 말을 듣게 될 것이고, 만인을 만나면 만 가지 말을 듣게 될 것이다. 하지만 우리 하나님은 오직 한 가지 말씀만 하신다.

"내가 너와 함께하리라!"

이것이 당신을 향한 하나님의 영원불멸의 약속이다. 하나님을 떠나 세상에 매몰되어 방황하던 우리에게, 아무것도 되는 것 없이 이 모양 저 모양 흔들리고 있던 우리를 향해 하나님은 구원의 길을 활짝 여셨다. 십자가에 달려 보혈을 흘리신 예수 그리스도, 그분이 바로 우리를 향한 하나님의 완전한 사랑의 확증이다. 만약 당신에게 하나님이 함께하는 비밀이 없다면, 여전히 혼란스럽고 방황하는 삶을 살아야만 한다.

하지만 하나님이 함께하시면 모든 것이 가능하다는 사실을 기억하라. 이제 당신이 할 일은 하나다. 당신 안에 계신 예수 그리스도로 말미암아 예비 된 놀라운 축복과 은혜를 매일의 삶 속에서 찾아내는 것이다. 좋으신 하나님이 바로 지금, 당신이 처한 그곳에 능한 손으로 함께하신다.

스스로 연약하다는 생각에 사로잡혀 있는가? 명심하라. 그 연약함이 하나님의 은혜를 이길 수 없다는 사실을. 당신이 아무리 부족해도 그것이 하나님의 언약을 빼앗을 수는 없다. 심지어 어떠한 핍박조차도 언약 안에 있는 당신을 하나님의 사랑에서 끊을 수 없다. 주위에 아무도 없는 것처럼 보여도 하나님이 가장 가까이, 당신의 삶 속에 계신다. 당신과 함께, 당신을 통해 새 일을 이루리라 약속하셨다. 당신을 향한 새로운 축복이 예비 되어 있다.

때로 애통한 상황에 내몰릴 때가 있을 것이다. 살다 보면 억울해서 가슴을 치는 일도 생기고, 어느 날 느닷없이 삶이 곤두박질치는 것을 경험할 때도 있지 않겠는가. 이때, 하나님의 손을 잡으라. 기뻐하고, 기도하고, 감사하라! 하나님을 향한 믿음의 고백이 당신이 처한 모든 상황을 역전시킨다. 당신의 인생에 불어올 승리의 바람을 기대하라! 누가 뭐래도 당신은 영원한 하나님의 챔피언이다.

"두려워하지 말라 내가 너와 함께 함이라 놀라지 말라 나는 네 하나님이 됨이라 내가 너를 굳세게 하리라 참으로 너를 도와 주리라 참으로 나의 의로운 오른손으로 너를 붙들리라" 사 41:10

*

후 기

초 판 1쇄 발행 | 2010년 9월 30일
제2판 1쇄 발행 | 2023년 4월 5일

저   자 | 류광수 목사
발 행 처 | 사단법인 세계복음화전도협회 | 도서출판 생명

주   소 | 서울시 강서구 강서로 56길 84(237센터)
홈페이지 | www.weea.kr

이 출판물의 출판권과 저작권은 사단법인 세계복음화전도협회에 있습니다.
따라서 무단 전재와 무단 복제를 할 수 없습니다.
잘못된 책은 교환해 드립니다.